学校环境教育与科普系列丛书

小学环境教育学科同步渗透教学设计

李友平　郭　涛　彭　英　编著

科　学　出　版　社

北　京

内 容 简 介

本书选取了小学阶段的语文、数学、英语、品德与社会、音乐、体育、美术、科学与信息技术 8 个学科中相关的环境教育内容，并通过各种教学方法和手段同步渗透环境教育，其内容全面、设计新颖、实用性强。

本书可作为师范类院校小学教育专业学生的教材用书，也可作为从事环境教育教学、科研及管理工作人员的参考用书。

图书在版编目 (CIP) 数据

小学环境教育学科同步渗透教学设计 / 李友平，郭涛，彭英编著. —北京：科学出版社，2016

（学校环境教育与科普系列丛书）

ISBN 978-7-03-050770-9

Ⅰ. ①小⋯ Ⅱ. ①李⋯ ②郭⋯ ③彭⋯ Ⅲ. ①环境教育-教学设计-小学 Ⅳ. ①G624.61

中国版本图书馆 CIP 数据核字 (2016) 第 284120 号

责任编辑：李淑丽 / 责任校对：桂伟利
责任印制：张　伟 / 封面设计：华路天然工作室

科 学 出 版 社 出版
北京东黄城根北街 16 号
邮政编码：100717
http://www.sciencep.com
北京教图印刷有限公司 印刷
科学出版社发行　各地新华书店经销
*
2016 年 12 月第　一　版　　开本：720×1000　1/16
2017 年 3 月第二次印刷　　印张：13 1/2
字数：300 000
定价：32.00 元
（如有印装质量问题，我社负责调换）

丛书编委会

总顾问　何平均

顾　问　曾红鹰　茆　爽　曹小佳　曾宁波　石　建

主　任　黎云祥　廖运文

副主任　李友平

委　员　冯丹东　高礼萍　郭　涛　贺　叶　赖建容
　　　　　梁雪梅　刘　洪　彭　英　蒲红玉　邱　良
　　　　　唐　娅　杨　艳　殷　勤　朱晓华

本书编委会

主　任　李友平

副主任　郭　涛　彭　英

统　稿　舒天文

序

《中共中央国务院关于加快推进生态文明建设的意见》指出："从娃娃和青少年抓起，从家庭、学校教育抓起，引导全社会树立生态文明意识。把生态文明教育作为素质教育的重要内容，纳入国民教育体系和干部教育培训体系。"环境教育应当是一项面向全社会的系统性终身教育，应该贯穿人的一生。当前从幼儿园、中小学到大学，环境教育并未形成完整的体系。

由于环境教育的多学科性等特点，当前我国幼儿园、中小学环境教育呈三无状态，即无统一大纲教材和系统辅导资料、无专职专业教师和教研员、无教师和学生交流学习展示成果的平台，这些都制约了环境教育的持续深入开展。其中，在教材和教学资料方面存在的问题如下：

（1）适合少数学生参加的课外活动方面的教材较多，这类教材由于受到学校教育活动时间、空间、安全、条件等诸多因素的限制，很难在多数学校面向全体学生发挥作用。相反，用于学校的主渠道——课堂教学，适合多数学校面向全体学生的渗透教材却很少。

（2）教材内容侧重于污染与治理且宏观介绍多，有不少教材的内容还停留在"三废"治理的水平上，而有些教材则过深、过专、过分强调环境知识的系统性。

（3）教材内容偏重知识介绍，对于培养大、中、小学生环境保护行为习惯与解决环境问题的初步技能重视不够，在知识教育与行为培养上有些脱节。

环境教育不仅仅是环境知识教育，更重要的是环境观念、环境意识和参与保护环境行为的教育，是素质教育的重要组成部分，在很大程度上是价值观教育和伦理道德教育，其重在培养学生的环境意识、保护环境的责任感和对环境行为是非的价值判断能力，并形成良好的行为习惯。

为了贯彻党的十八大精神，落实《中共中央国务院关于加快推进生态文明建设的意见》并有效实施环境教育，发挥环境教育对于生态文明建设具有先导性和基础性的作用。我们设计了从幼儿园、小学、初中、高中到大学的 5 个分册，在既保证系统连续性，又兼顾层次性的前提下，全面覆盖、全程实施环境教育，即通过学校教育的主渠道——课堂，在不增加课时，不加重课业负担的条件下，在所有学科的教学中，以学科为主线，同步渗透环境教育。

具体设计思路是：全员参与，全面覆盖；学科主线，同步渗透；有机融合，循序渐进；淡化知识，重在育人；本土特色，适时更新。

本书力争做到学校环境教育的系统性、全程性、层次性和创新性，为实现学校环境教育常态化、系统化和规范化做一些探索尝试。

该丛书共分两个系列 7 个分册。第一个系列：课内学科渗透教学设计，按学段划分为 5 个分册，即幼儿园、小学、初中、高中、大学。第二个系列：课外主题实践活动设计，有 2 个分册，即活动方案设计与实施和活动评估与成果。

该系列丛书得到国家环境保护部宣教中心培训室主任曾红鹰、四川省环境保护厅宣传教育与对外合作处处长茆爽、四川省环境保护宣传教育服务中心主任曹小佳、四川省教育科学研究所副所长曾宁波、石建等领导的大力支持和指导，在此，谨向他们表示诚挚的谢意！

该系列丛书是"四川省环境教育 1+N 项目"的成果，在西华师范大学环境科学与工程学院，特别是环境教育与科普基地的大力支持下，得以出版发行。值此，谨向西华师范大学的领导、专家们表示衷心的感谢！

何平均

2016 年 1 月 20 日

前　言

　　《世纪之交的全球生态报告》尖锐剖析："全球植被锐减、水资源短缺、大气污染严重、气候异常……"《国家基础教育课程改革纲要》重点强调："要使学生逐步形成正确的世界观、人生观、价值观；具有社会责任感，努力为人民服务。"二者对照，环境教育无疑为重大教育话题。

　　《易经》曰："蒙以养正，圣功也。"中国传统文化最重视儿童的"心灵"教育，要为孩子养根基之正，提供一生的精神营养，自小而始是为智慧。

　　习近平同志在纪念孔子诞辰2565周年国际学术研讨会上的讲话中，曾提出"中国优秀传统文化中蕴藏着解决当代人类面临的难题的重要启示"，随后举出"道法自然""天人合一""与天地合其德"等儒家理论精髓。"生态伦理学""生态美学"在大学方可论及；而诸此种种，待今天的小学生成人之后再去靠近，已为晚矣！

　　"和乐育人"是我校的核心办学理念，"绿色生态，和谐共生，和而不同，各得其乐"是学校特色文化体系的本质内涵。一方面，我们要促使育人环境和谐、师生生活状态和乐、个体发展和雅；另一方面要引导学会生存、学会选择，尤其是学会选择适应环境、选择绿色生态的生活方式。

　　要在学校进行环境教育，教学时间如何保障？是挤占课时，还是另立课时专题上课？以上种种都不科学，要么违背教育规律，要么增大师生的教学负担！结合学校一直以来的做法，我们整理思路，决定"做减法"——一方面开设特色活动课程，另一方面在教学中开展"渗透式教育"，以节省时间，减轻师生负担。

　　"形成特色活动课程体系、适度开发课内外资源，做到环境教育与课堂结合、与活动关联、与科技相融"是我校环境教育的主要特色，其中最具生态特色的乐生课程是实施环境教育的主渠道，它包含绿色小主持、校园小记者、绿色经典诵读、环保科创、手工制作、英语环保话剧社、爱尚生态体验营等。

　　与此同时，"在学科课堂教学中，同步渗透环境教育"已成为教师的环境教育共识和学科教学常态。其主要方法有选切点，巧引导；搜资料，巧设疑；创情境，怡情趣；重实践，真体验；励创想，深延展；跨学科，宽关联等。

　　在课余借助校内外多种平台，大力开发和利用活动资源，以学生喜闻乐见的活动为载体，进行"融入式教育"，也是蒙养小学生关心环境、热心环保的最佳选择。

　　这本书汇集了我校部分教师近几年的"环境教育渗透式"研究成果，有的在相关教学竞赛中获奖，有的在各级各类教学设计比赛中获奖，也有的是自身教学反思后的整理稿。这是他们教育教学智慧的结晶，也是他们热衷小学环境教育研究后的结果。为了激励更多教师积极投入小学环境教育"教学渗透"的研究，为了更好地促进小学教师专业水平的提升，我们把这些案例编辑成集，奉献给大家。本书的理念也许不够成熟，文笔还不够流畅，但这每一篇文章都折射出我们心灵的思索。古人云：为者常成，行者常至。随着研究的深入，参与的深入，相信我们能奉献出更多、更新的成果。

自贡市富顺县华英实验学校　彭英

2016 年 9 月

目　录

语　文

数　学

语　　文

01 共同的家

（S版小学语文一年级上册）

谢静玲　张思静

教学设计背景及学情分析

《共同的家》是一首儿歌。课文把蓝天比做白云的家，把土地比做禾苗的家，把树林比做小鸟的家，把大海比做鱼儿的家，把地球比做我们共同的家，既传授了知识，又渗透了环境教育。课文可读性强，让学生感受到大自然美的同时，也让学生深切地体会到保护地球是我们义不容辞的责任。教学时，要以读为主，边读边展开想象，让学生有所感、有所悟。

环境教育渗透点

【E2 生物多样性的重要性】；【E5 野生动物保护】。

教学目标

1．学科教学目标：认识"共、同"等十个生字，会写"土、大、云、禾"四个字；正确、流利地朗读和背诵课文；培养学生朗读、感悟和自主学习的能力。

2．环境教学目标：在学习中要体会到保护地球，爱护我们的家园，并增强学生的环保意识。

教学重点

1．指导学生识字和朗读、背诵课文。

2．增强环保意识，让学生从身边的小事做起。

教学难点

理解"地球是我们共同的家"的深刻含义，从中体会要保护地球，爱护我们家园的重要性。

教具准备

图片、多媒体课件。

教学过程

一、谈话导入

孩子们，今天老师给大家带来了几个小伙伴，看，它们是谁？（出示白云、禾苗、小鸟、鱼儿的图片）这些小家伙可顽皮啦！偷偷跑出来玩找不到自己的家了，谁能把它们送回家？（师板书课题：共同的家）

（设计意图：创设符合低年级学生特点的生活情景，让学生感受到成功的喜悦，从而激发学生的学习兴趣，让学生乐于学习，并积极、主动地参与到学习活动中去。）

二、借助拼音，正确朗读课文

1. 借助拼音把课文读正确。

2. 把会认字和会写字在文中圈出来。

3. 遇到不认识的字多拼读几次，也可以向老师和同学请教。

生字学习：

（1）课件出示本课生字，请你把生字宝宝读正确。

生字：共、同、家、土、禾、苗、树、林、地、球。

词语：蓝天、白云、大海、地球、禾苗、土地、树林、共同。

（2）开火车认读生字词。

4. 合作学习：请你和同桌互相再读课文，比比谁读得更好。

5. 课文一共有几行？有几句话？

三、学习课文，比一比看谁学得最好

（一）教学第一行

1. 课件出示蓝天、白云图。你看到什么了？

2. 出示句子：蓝天是白云的家。白云的家在哪儿？

3. 体会情感

（1）为什么说蓝天是白云的家？（学生讨论汇报）

师：朵朵白云在蓝色的天空中飘荡，蓝天衬着白云，白云离不开蓝天，蓝天是白云的家。

（2）学生试读。

（3）教师范读指导：蓝天∥是∥白云的家。

（4）同桌互读，小组比读，齐读。

4．蓝天还是谁的家？（学生讨论后汇报）

（二）师生互动，引学第二行

1．出示句子：土地是禾苗的家。（指名读）

2．学生自由读，也像老师那样自己提个问题。（学生互相提问，互相解答）

3．集体交流。

为什么说土地是禾苗的家？

（出示土地、禾苗图，进一步体会：碧绿的禾苗在肥沃的土地上苗壮生长，禾苗离不开土地，土地是禾苗的家。）

土地还是谁的家？

4．指导朗读：土地∥是∥禾苗的家。

（三）自主学习课文三、四行

1．师生一起总结学法。

①读；②提问题；③指名回答；④有感情朗读。

2．学生自学，喜欢哪行就学哪行。（同桌互相提问，互相答）学会后可在小组内交流。

3．集体交流。

（1）树林是小鸟的家。（汇报读；学生提问：小鸟的家在哪儿？树林为什么是小鸟的家？树林还是谁的家？）

（2）大海是鱼儿的家。（方法同上）

（四）集体学习第五行

1．为什么作者又说"地球是我们共同的家"呢？让我们带着这个问题把最后两行读一读。

2．"我们"指的是谁？

3．出示课件：同学们你们看，只有一个地球，地球才是我们共同的家，它给我们带来了温馨和快乐，可是有些人却这样……

4．你认为他们这样做对吗？我们应该怎样做？

（设计意图：教师有意识地让学生观看视频，是为了更好地渗透环保知识，增强学生环保意识，更重要的是要让他们从身边的小事做起，爱护环境，关注生态环境。）

本课小结：同学们说得真好，希望你们能把说的话落实到实际行动当中，共同来爱护我们的地球、保护我们的家园。

四、拓展延伸，作业超市

1．争当班级"和乐小卫士"。

2．办一张环保小报。

3．学会环保儿歌。

板书设计

地球　是　我们　共同的家（保护地球）

02 山 青 青

（S版小学语文一年级上册）

张思静　杨　丽　涂万超

➤ 教学设计背景及学情分析

　　《山青青》是 S 版小学语文一年级下册第二单元中的第一篇课文,是一首儿歌,写的是春天来临时大自然景色的变化。课文一共有三句,第一句写的是青山绿水鸟儿欢鸣;第二句写的是草芽树叶碧绿水灵,花开盈盈;第三句写的是田地里禾壮苗青,勾画出一派春天的景象。教学时要让孩子们在感受大自然美的同时更要意识到:人类不仅有热爱它的权利,更有保护它的责任,表达了作者对环境保护事业的关注。在教学中,除了要培养孩子热爱大自然的情感外,还要让学生学习作者观察大自然的方法和写作的表达方法。

➤ 环境教育渗透点

　　【I1 交通污染】;【I2 新能源汽车】;【I3 绿色出行】。

➤ 教学目标

　　1．正确认读 10 个生字。

　　借助汉语拼音,正确、流利、有情感地朗读课文,背诵课文。

　　让学生学会欣赏语言美,体验语文学习的快乐。

　　2．环境教学目标:

　　激发学生热爱春天,热爱大自然的积极情感。

　　培养学生热爱生活,保护环境的意识。让孩子们在感受大自然美的同时更要意识到:人类不仅有热爱它的权利,更有保护它的责任。

➤ 教学重点

　　1．了解春天的特点及作者对春天的赞美、热爱。

　　2．意识到保护大自然、爱护环境,是我们每个人的责任。

教学难点

感悟诗歌的内容、体会诗歌的韵律美和意境美，关注环保事业。

教学准备

1．做"找朋友"游戏用的生字和拼音卡片。
2．给课文画插图用的图画纸和彩色笔。
3．多媒体课件。

教学过程

一、设置情景，引入课题

1．看图说话。挂图显示：山青水秀、鸟语花香、和风细雨的春景。看了这幅图，你有什么感觉？你能用自己的话描述一下吗？
2．引入课题。这么美丽的景色出现在什么季节？这节课我们就来学习第一课《山青青》。
3．齐读课题。看到课题，你有什么感兴趣的问题想提出来吗？

二、初读课文，读准字音

1．自由读课文，边读边用笔画出生字词，多读几次。如果遇到不会读的字也可以用笔画出来，然后虚心向同学请教或者请拼音朋友帮忙，再多读几次。
2．同桌互相认读画出来的词语，认真听对方读，互相纠正错音。
3．指名读生字词。齐读，开火车读。去掉拼音认读生字词。
4．分组读课文，注意把字音读准，做到不加字、不漏字，把句子读通顺。

三、再读课文，读中感悟

1．小声读课文，边读边想：课文写了哪些景物？用横线画出来。
2．你觉得哪些景物最美？请你先挑选你喜欢的这一句话认真、反复地读一读，直到能把这一句话美美地读出来为止。
3．再放图片，边看边感受春天的美丽。看到这么美的春天，你能不能美美地把课文背出来呢？
4．看到这么优美的风景，小朋友们想不想去旅游呢？你会选择什么交通工具？
5．学生自由讨论：交通污染，新能源汽车。
6．教师小结、明确要求：绿色出行。

四、布置作业

1．把你喜欢的词语写一遍。

2．回家把课文美美地背给爸爸妈妈听。

3．写一句保护环境的话。

板书设计

山青青

山　水　　　鸟儿鸣

树　草　　　山花笑

苗　田　　　风雨绿

爱护环境　　绿色出行

03 小 树 谣

（S版小学语文一年级下册）

张思静　谢静玲　杨　丽

教学设计背景及学情分析

《小树谣》是S版小学语文一年级下册第二单元的第二篇课文，是一首儿歌，一共有三节。第一节讲的是春天小树发芽了，第二节讲的是春天小树开花了，第三节讲的是小树对鸟儿唱的歌。本课语言生动活泼、通俗易懂，充满了童趣。教学时，要注意激发学生对树木的爱护，同时培养学生的想象力。

环境教育渗透点

【B2 大气的主要污染源】；【B3 大气污染的危害】；【B4 大气污染的防治】。

教学目标

1．A．认识12个生字，会写"成、对"等6个字；认识"又字旁、绞丝旁、门字框"3个部首。B．正确、流利地朗读和背诵课文。

2．环境教学目标：培养学生丰富的想象力，激发他们热爱大自然的情感，理解树木与空气质量的关系。

教学重点

教学生识字和指导学生有感情地朗读课文。通过朗读，激发学生对树木的爱护，同时培养学生的想象力。

教学难点

在阅读中感悟"小树在春风里摇绿了嫩芽和树梢，摇红了花蕊和花苞"，以及小树和小鸟说的话。

教学准备

挂图、生字卡片。

教学过程

一、激趣引入，揭示课题

1. 展示小树在风中点头，小鸟在树上嬉戏的图画，让学生仔细观察，并提问：你看到了什么？能说说你的感受吗？

2. 释题。齐读题目，你觉得课文会写些什么内容？小树会唱些什么歌谣呢？（小树谣就是小树的歌谣）

二、书写，学会生字

1. 认读带拼音的生词，再认读没有拼音的生词，然后用"会认字"与"会写字"组词、说话。

2. 仔细观察它们在田字格中的笔画所占的位置，边书空边说说笔顺。

3. 你发现了什么？（比如，你觉得哪个字最难写？哪些部首你认识，哪些是新出现的？这些字是什么结构？你最快记住了哪个字？你是怎样记住它的？这个字写的时候要特别注意哪些笔画？）小组交流，互相探讨。

三、初读课文，读通读顺

1. 自读课文，遇到不认识的字先停下来拼一拼，拼准了再读。先读通一节，再读下一节，然后连起来读一读。

2. 边读课文边标出课文一共有多少小节，并用横线画出生字词，然后自己反复拼读，把生字词读准。

3. 同桌互相认读画出来的生字词，一方读音不够准确时对方要帮忙纠正。

4. 分组读课文，要求读准字音，做到不加字、不漏字，看谁读得又准确又通顺。

四、再读课文，读中感悟

1. 读课文，你想怎样读就怎样读，边读边想：课文写了什么内容？

2. 选你最喜欢的一节反复读，想想：读了这节，你明白了什么？然后小组交流你的收获。

3. 你最喜欢读哪一小节，你读懂了些什么？

4. 小朋友喜不喜欢看天气预报？知不知道 $PM_{2.5}$ 是什么意思？

5. 学生自由交谈：$PM_{2.5}$ 与小树有什么关系？ 空气污染的防治措施？

6. 结合"3·12"植树节活动，鼓励学生植树造林，为绿化祖国，改善环境做出自己的贡献。

五、作业布置

1．你从这课里还学会了哪些新词？把你最喜欢的几个写一遍。

2．选择这些词语中你最喜欢的一两个说一句话。

3．写一句爱护花草树木的话。

板 书 设 计

小树谣

嫩芽　　　　　花蕊

绿　　　　　　红

树梢　　　　　花苞

小树 ── 大树（小鸟筑巢）

绿化造林

04　清清的溪水

易　梅　刘艳峰　李　英

教学设计背景及学情分析

前些年，由于人们环保意识薄弱，乱砍滥伐现象严重，造成大量水土流失，河道阻塞，水灾频繁发生。对于小学二年级的学生，让他们初步了解溪水和树木的关系很有必要。

《清清的溪水》是一篇充满童真、童趣，既有时代感，又有教育意义的故事。把它安排在"保护环境"为主题的单元，意在通过生动有趣的故事，让学生了解保护植物是保护环境的又一主题。

环境教育渗透点

【A3　水污染与治理】。

教学目标

1．图文结合，理解课文内容，了解溪水和树林的关系。
2．教育学生爱树种树，保护环境，树立环保意识。

教学重点

读懂课文，能正确、流利地朗读课文。

教学难点

熟读课文，理解树林与小溪的关系。

教学准备

1．学生课外搜集有关森林与水的关系、水污染与治理等方面的资料。
2．课文插图、课件。

教学过程

一、复习引入

1．出示字卡：检查记字情况。
2．课文描写了哪些动物之间发生的故事？

二、学习课文第一自然段

1．出示课件：大自然的美景。激发学生热爱大自然的情感。
师：你看到了什么呢？你最想说什么？书上是怎么写的？
找到相应句子，指导朗读。
2．出示课件：溪水变浑的画面。
找出相应的句子，指导朗读。
过渡：清清的溪水怎么会变浑呢？我们和小白兔一同去找找原因。

三、学习课文二～九自然段

（一）自由读文，找找溪水变浑的原因。
（二）出示课件：同学们看，大象和棕熊正在干什么？仔细观察它俩的动作、神态，想象一下它们可能说了什么？同桌之间边表演边说。

1．学生讨论交流。
2．出示句子：读一读，注意括号里的词语。
小兔跑过去，（大声）喊："喂，别拔啦！你们为什么拔树哇？" 大象和棕熊停下来，说："这两天我们在比赛谁有力气，还没分出胜负呢。" 小兔（气愤）地说："比力气！你们毁掉了树林，也毁了小溪。" 大象和棕熊（不解）地说："这和小溪有什么关系？" 小兔（生气）地说："这么多树被你们拔掉了，雨水把泥土都冲进小溪里啦！不信，你们去看看。"

3．根据你的理解，自由朗读句子。
4．同桌分角色对读，一个读小兔说的话，一个读大象和棕熊说的话。
指导朗读：
小兔怎样大声地喊、气愤地说的？它为什么会这样呢？
读大象和棕熊的话，读出奇怪和不解的语气。

（三）重点理解：你们毁掉了树林，也毁了小溪。
1．出示动画：展示水土流失的情景。
2．理解树林和小溪的关系。
让学生明白：树根深深扎入泥土，牢牢地固定泥土，使雨水冲不动泥土，才使得大雨来时，泥沙流不进小溪，溪水才会清澈。

过渡：你认为大象、棕熊做得对吗？为什么？如果再这样做，大自然会变成什么样？如果你是大象和棕熊，你会怎样做呢？

四、学习 10、11 自然段

1．把种树的过程勾画出来。

刨坑　栽树　培土　浇水

2．补充省略号里的内容。

3．它们这样做的结果怎么样？齐读最后一自然段。

过渡：大象和棕熊也知道错了，它们也懂得保护大自然、热爱大自然了，读了课文，你想对大象、棕熊说些什么呢？

五、总结全文，进行环境教育

1．读了课文后，说一说你喜欢谁？为什么？

2．谈一谈：联系实际说说我们应该怎样保护树木。

3．资料交流：保护环境除了保护树木外，还要注意些什么？

4．教师小结：是啊！小动物们都能保护树木，我们小学生也应该自觉行动起来，保护环境，保护我们的家园，人人争做环保小卫士，使天空更蓝、大地更绿、河水更清，使我们的家园变得更美丽、更可爱。

六、语文实践活动

（一）查一查。

1．人们对森林的美称。

2．森林的作用。

（二）给你喜爱的树木设计一块标语牌，提醒人们要爱护它。

七、作业布置

（一）完成课后练习第 3 题。

（二）把这个故事讲给家长听，向家长作环保宣传。

板书设计

清清的溪水

拔树　　种树

清——浑——清

保护环境　人人有责

05 我真希望

（S版小学语文二年级上册）

何 梅 刘艳峰 宋珊珊 陈 敏

教学设计背景及学情分析

《我真希望》这首诗是第五单元的一篇课文，全诗用生动的语句、渴望的心情，真挚地表达了人们希望治理烟尘、污水，洁净空气，还我蓝天的美好愿望。警示人们：保护环境，刻不容缓！

全诗紧紧围绕"保护环境"这一主题，分四个小节来写，每个小节都以"我真希望"开头，前三节运用"不是……而是……"这样的句式，表达"我"急切的心情。

二年级的学生对空气污染、水污染等环境问题有了初步的感知，但还不能深入地了解这些污染的危害，环保意识还很淡薄。

环境教育渗透点

【A3 水污染与治理】；【B3 大气污染的危害】，【B4 大气污染的防治】；【E2 生物多样性的重要性】。

教学目标

1. 认识"希、卤、而"等10个生字，会写"而、卤、扬、洁、彩、芬、芳、晶"8个字及词语。

2. 朗读课文，背诵课文。

3. 理解课文内容，引导学生关注自己周围的环境，使学生具有环保意识和保护环境的行动。

教学准备

1. 多媒体课件。

2. 环境污染的资料。

教学过程

一、谈话导入

二、学习课文，朗读并体会

（一）生看大屏，感知与课文相关的图片，并欣赏课文的配乐朗读。学生初步感知课文内容。

（二）学生自读全诗，质疑。

全班汇报，朗读感悟。

1. 学生自读诗歌，再抽生读，说一说：你为什么要这样读？

2. 浓浓的黑烟——轻盈洁白的云彩。

引导学生理解"轻盈洁白"，并感情朗读。

灰灰的粉尘——清澈晶莹的泉水。

引导学生想像泉水清澈见底、晶莹透亮的样子，理解"清澈晶莹"一词，并读好它。

浑浊的气体——象征具有香味的略带彩色的气体。

引导学生体会浑浊气体刺鼻的味道，理解"芬芳"一词，并指导学生读好"淡淡的芬芳"。

美好的环境——树绿、花红、小鸟鸣叫。

引导学生理解"我真希望"反复出现的含义。

3. 感情朗读。

（1）学生自由读全诗。

（2）男女生分读全诗。（男—女—男—女）

（3）教师引读：我真希望……不是……而是……

（4）学生配乐齐背，暂时不能背的可以读一读。

三、仿写诗歌

作者在课文中写出了他的希望，你们也来当当小诗人，仿照课文中诗的格式，说说你的"希望"。

我真希望，

＿＿＿＿＿＿＿＿＿＿，

不是 ＿＿＿＿＿＿＿＿，

而是 ＿＿＿＿＿＿＿。

四、联系实际，加深感悟，指导实践

（一）播放有关环境污染的录像资料。

（二）孩子们，你们看了这些画面，有什么感想呢？在以后的生活中，你会怎么做呢？

五、师小结

是呀，我们只有一个地球，让我们大家行动起来，为保护我们的环境作出应有的贡献吧！

六、布置作业

课外开展"小手牵大手"参加城乡环境综合治理活动。

板书设计

我真希望

浓烟　　云彩

粉尘　　泉水

臭味　　芬芳

树绿　　花红　　　小鸟歌唱……

06 保护庄稼好卫兵

（S版小学语文二年级上册识字一）

林尚聪　刘艳峰　兰　霞

教学设计背景及学情分析

　　《保护庄稼好卫兵》是一首充满童趣的儿歌，写的是小青蛙是保护庄稼的好卫兵。这是本册教材中三个集中识字课的第一课，本课的会认字大都是以基本字"青"为声旁，加上不同形旁组成的一组音、形相近的字。识字、写字教学的过程主要是体现语文学科的工具性。本课内容具有丰富的人文意义，应该让学生懂得青蛙是保护庄稼的益虫，是人类的朋友这一道理，帮助他们树立保护青蛙，保护动物，维护自然生态平衡，创建和谐家园的意识。

　　针对二年级学生的年龄特点和认知水平，在教学中通过创设情境，活动体验，让学生树立保护青蛙、保护动物，维护自然生态平衡的意识。

环境教育渗透点

　　[E]生物多样性之【E5 野生动物保护】。

教学目标

　　1．正确、流利地朗读儿歌，通过理解课文具体的语言文字，体会青蛙是我们人类的好朋友。

　　2．懂得青蛙是人类的朋友，培养保护动物的意识和情感。

教学重点

　　认识7个生字，会写8个生字。

教学难点

　　正确、流利地朗诵儿歌。

教学准备

教师准备：

1．多媒体课件。

2．小品表演小动物的头饰、道具。

学生准备：

1．分角色排练小品。

2．上网查询关于青蛙的相关知识。

教学过程

一、激情导入，朗诵感悟

动物王国评选对人类有益的动物的表彰大会就要开始了，青蛙在小朋友们的帮助下，顺利地闯过了前三关，现在要全力以赴第四关——"会背关"。

1．指名背。

2．学生有感情地朗诵儿歌。

3．思考汇报：你从儿歌中读懂了什么？

4．青蛙顺利到达了动物王国表彰会的会场。那里真是热闹！请你想想哪些动物也会来？你知道他们为什么会受到表彰吗？

5．大家要青蛙发表获奖感言，没想到青蛙却伤心地哭了，为什么呢？青蛙为我们讲述了同伴们的遭遇。

二、活动表演，切身体验

老师语言导入：在一个天气晴朗的日子，清清的河水静静地流淌着，这真是一个好天气。几只鼓着大眼睛的小青蛙伸了伸腿，忙着捉害虫已大半天，还真该休息一下了。你瞧，它们来了！

（戴着小青蛙头饰的几个孩子蹦蹦跳跳地出场了，一个头戴草帽的农民伯伯在田边听着美妙的"音乐"，看着长势极好的庄稼，眉开眼笑，心里乐开了花。）

师：小青蛙们在稻田里过着自由幸福的生活，天天吃害虫，农民伯伯多爱这些可爱的小青蛙呀！可是好景不长，有一天来了一群坏人——右手拿着竹棍、钓饵或竹箭，左手拿着大口袋的几个孩子出场了，他们随意乱踩庄稼，开始了捕杀青蛙。一只只可爱的青蛙，变成了他们大口袋中的"猎物"，小青蛙们发出凄惨的呱呱声。

师：难怪青蛙伤心地哭了。其实，它们哪里知道，辛辛苦苦忙着捉害虫的自己不久将被变成"美味佳肴"端上人们的餐桌。

三、设身处地，交流观后感

1．孩子们，如果你们现在就是那个即将享受"青蛙美味大餐"的人，你想说些什么？做点什么？学生自由发言。

2．孩子们，如果你们现在就是即将要变成"美味佳肴"的小青蛙，那么，有什么"最后的话"要对人们讲吗？

3．学生汇报课前调查的市场上买卖青蛙的情况和周围朋友、邻居吃青蛙的情况。

4．现在你们知道青蛙是我们人类的好朋友了吧，那你想对周围的朋友、邻居说点什么吗？

四、你知道青蛙吃什么害虫吗？

出示青蛙吃害虫的相关资料并进行交流。

五、总结全文，拓展延伸

教师小结：是呀！农谚中有"蛙满塘，谷满仓"的说法。然而，人类的好朋友——青蛙近年来却成为众多餐馆秘而不宣的"招牌菜"。青蛙是我们人类的好朋友，保护青蛙就等于保护我们自己。孩子们，让我们行动起来吧！为了我们的家园更加和谐，为了我们的生态环境更加平衡，为了我们的身体更加健康，为了我们的生活更加幸福，告诉你的家人和朋友：千万别吃青蛙！赶快加入到阻止滥捕滥杀小动物的活动中来吧！

六、布置作业

写一句保护动物，创建和谐家园的宣传语。

板书设计

保护庄稼好卫兵

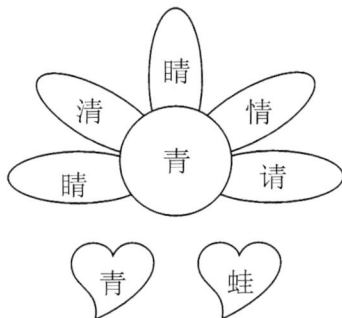

07　爷爷的日子

（S版小学语文二年级下册）

林尚聪　陈金群

教学设计背景及学情分析

　　《爷爷的日子》是一首儿歌，选自语文"百花园一"中的"读一读"。旨在扩大学生的阅读量，巩固识字，培养其阅读理解能力。儿歌描述了爷爷植树造林的一生，赞美了爷爷无私奉献的精神。这是对本单元描写大自然的春天美丽、朝气的一个升华。要让孩子们在敬仰爷爷无私奉献的精神的基础上，懂得植树造林的重要性，从而落实到自己的行动中，为祖国添一份绿色。

生态文明教育渗透点

　　【E4 植树与绿化】。

教学目标

　　1．正确、流利、有感情地朗读儿歌。
　　2．感受爷爷无私奉献的精神。
　　3．培养学生的环保意识，意识到植树造林的重要性。

教学重点

　　1．正确、流利、有感情地朗读儿歌。
　　2．培养学生的环保意识，意识到植树造林的重要性。

教学难点

　　1．结合文中重点词语的理解，感悟儿歌。
　　2．培养学生的环保意识，让孩子们体会保护树木的重要性。

教学准备

　　多媒体课件、教学挂图。

教学过程

一、创设情境，激趣导入

1．出示有趣的字谜：又进村里（谜底：树）。

2．师设疑：3月12日，大家知道是什么节日吗？对了，是国际植树节。今天老师就带着你们去认识一位植树的能手，一个植树的大功臣。

二、整体感知儿歌

示范读儿歌。生边听边思考：爷爷做了什么？

三、读通儿歌，感受爷爷无私奉献的精神

1．学生试读儿歌。（师评，纠错）

2．出示挂图，让学生看图自由读。

3．学生多种形式朗读：同桌对读、分组读、男女读、赛读。

4．引导学生理解重点词语：所有、瘦了、胖了、老了、依然。

从词语中感受爷爷为了植树造林而表现出的无私奉献的精神。

5．学生有感情地朗读全诗。

四、讨论总结植树造林的作用

1．师质疑：爷爷为什么要将自己的毕生精力都用在植树造林上呢？小组内说说树有哪些作用。

2．小组讨论后全班交流。

3．师根据学生的回答来小结树的作用：①透露季节的变化；②大树底下好乘凉；③净化空气；④防风固沙；⑤防止水土流失；等等。

五、联系生活，激发保护环境的情感

1．联系生活，举例说明有些人肆无忌惮地破坏地球妈妈容颜的不文明现象，以及自然对人类的报复。

2．过渡：是啊！这些人的乱砍滥伐行为是多么的愚蠢，那等于慢性自杀，毁掉的终究是我们人类自己呀！他们与儿歌中的老爷爷相比，简直是天壤之别。孩子们，让我们一起来赞美老爷爷给我们创造的绿色美景吧！

3．学生齐诵儿歌。

六、行动起来，绿化环境

1．导语：要保护我们的大自然和我们生存的环境，自己该怎么做呢？

学生讨论交流。

2. 教师小结：孩子们，让我们行动起来，关心爱护绿色生命，保护身边绿化成果，广泛开展"植绿、护绿、爱绿、兴绿"文明活动，争做绿色文明使者，让天更蓝、水更清、地更绿，让我们的祖国更美丽！

七、作业

1. 写一句植树造林的宣传语。
2. 背诵儿歌。

板书设计

爷爷的日子

爷爷	种树
树林	青翠
鸟儿	欢唱

08　有趣的作业

（S版小学语文二年级下册）

李永平　陈金群

教学设计背景及学情分析

《有趣的作业》讲述的是老师给学生布置了一项别出心裁的作业——到大自然中去找春天，把能代表春天的东西带到教室里来。小丽和小龙为了保护花草和动物，交上来了不一样的作业。这篇文章浅显易懂，贴近孩子们的生活，符合学生好奇心强，对大自然充满了探知欲望的年龄特点。在课文学习中可以自然地渗透热爱大自然，保护动植物的环境教育。

环境教育渗透点

【E2 生物多样性的重要性】；【E5 野生动物保护】。

教学目标

1．认识 11 个生字，会写"业、龙"等 7 个生字。

2．正确、流利地朗读课文。仿照例句，用"有……有……还有……"写句子。

3．感受小丽对花草的爱护，小龙对蜜蜂的关爱；培养热爱大自然、保护大自然的情感。

教学重点

1．识字写字，正确、流利地朗读课文。

2．认识生物多样性，感受小丽对花草的爱护，小龙对蜜蜂的关爱。教育学生关爱动植物，培养热爱大自然、保护大自然的情感。

教学难点

理解老师为什么"满意地笑了"。

教学准备

1．教学挂图、生字卡、词语卡、课件。

2．布置课前作业：在大自然中找春天。

教学过程

一、谈话激趣，导入新课

春天，桃红柳绿；春天，鸟语花香。春天真美呀！课前，同学们都去大自然的哪些地方找春天？你们都找到了什么有趣的作业？（板书课题）

二、合作探究，感悟理解

（一）展评自己"有趣的作业"

1．展评课前搜集的代表春天的东西。

2．结合学生的生活实践，进行说话练习。

例如：我到池塘边，找到了可爱的小蝌蚪……

（二）学习书中"有趣的作业"

1．师导语：书中的小朋友在大自然中又找到了哪些"有趣的作业"？快速阅读课文第二自然段，从中找出答案。

2．指名读后讨论：

（1）从"热闹""有……有……还有……"这些词语中，你体会到了什么？（作业是各种各样的，很有意思，这真是有趣的作业。）你能用朗读的形式来表现作业的各种各样、形式各异吗？请先自己试试。（自由读，同桌读，比赛读）

（2）从这些作业中，你体会到春天是怎样的？（美丽、亲切）哪些词语最能展现春天的美丽、亲切？（"嫩嫩的""青青的"）试着读出这种感受。

（3）比比谁说的句子更生动、更具体，并用"有……有……还有……"仿写句子。

（菜市场的蔬菜可真多呀：有……有……还有……）

（动物园里的动物可多啦：有……有……还有……）

（三）感悟两份"独特的作业"

1．小丽在大自然中找到了什么？

（1）分角色读课文，思考：小丽交的是什么作业？（一幅画）

（2）画能代表春天吗？指导学生读第4自然段。

（3）小丽是怎么解释的？

联系书中插图，理解小丽解释的话。

（4）师通过引读，让学生理解"解释"的含义。

师引读：小丽自信地对同学们解释说：（生："昨天……"）

小丽诚恳地对同学们解释说：（生："昨天……"）

小丽高兴地对同学们解释说：（生："昨天……"）

（5）小丽带来的作业，让老师满意吗？从哪句话能看出来？（老师笑着点点头）

（6）你想对小丽说什么？（你真是个爱护花草的好孩子）

2．小龙准备的又是什么作业？

（1）指名读第7自然段，勾画出相关语句，明白小龙的作业是盒子中的小蜜蜂。

（2）小龙为什么准备这份作业？指导读第8自然段，读出小龙的细心、小心。

（3）你喜欢小龙吗？你想对小龙说什么？

3．小组讨论：老师看到同学们带来的作业，为什么满意地笑了？

小结：同学们都认真地完成了这项有趣的作业。老师对同学们能到大自然中去找春天感到满意，对同学们带来的作业很满意，对小丽和小龙用爱心寻找春天，爱护动植物、保护环境的行为感到更满意。

4．分角色朗读课文3～9自然段，加深理解。

5．学完全文，你知道"有趣的作业"中的"作业"为什么有趣了吗？全班交流汇报，教师相机引导学生理解。（老师布置的作业有趣；同学们找到的作业各式各样，也很有趣。）

三、联系实际，环境教育

文中，同学们不仅找到了春天，而且还知道要自觉爱护花草树木，自觉保护动物，他们都是热爱大自然的孩子。在我们华英校园里，春天，红艳艳的茶花多灿烂呀；夏天，雪白的黄桷兰花多芬芳呀；秋天，金灿灿的菊花开得多热闹呀……孩子们，我们一年四季都生活在学校这座大花园里，那么，能不能看到花很美丽就去摘？现在，天气暖和了，青蛙妈妈也生出很多的小宝宝——小蝌蚪，我们能不能去捉他们？为什么？我们该怎么做？

小结：美丽的春天是属于大家的，大自然的美丽是属于大家的，我们要热爱大自然，保护大自然。

四、实践活动，拓展思维

课后开展一次找春天活动，把你找到的春天写下来。

板书设计

	小丽	爱护花草	热爱大自然
有趣的作业			
	小龙	热爱动物	保护大自然

09　一个小山村的故事

（S版小学语文三年级上册）

陈先林　洪祥英　牛亚梅　李友平

教学设计背景及学情分析

《一个小山村的故事》是 S 版小学语文三年级上册第七单元的第三篇课文。文章讲了一个美丽的小山村，由于这里的人们过度砍伐树木，致使土地裸露，极大地削弱了森林的防护能力，终于在一场连续的大雨之后，咆哮的洪水将小山村卷走了的故事。这个故事告诉人们一个道理：不爱护自然，必将受到大自然的惩罚，毁坏山林就是毁灭自己。训练的重点是让学生理解重点句子的意思，体会句子所表达的思想感情，同时对学生进行情感态度与价值观的熏陶，积极地保护我们生存的环境，让我们的家园更美好。

环境教育渗透点

【E3 生物多样性面临的威胁】;【E4 植树与绿化】。

教学目标

1．学会本课生字新词。

2．在阅读中品词析句，体会作者用词准确对描写生动形象的作用。

3．读懂课文主要内容，理解小村庄消失的原因，联系上下文和生活实际，理解含义深刻的句子，并体会其中表达的效果。

4．能有感情地朗读课文。

5．引导学生懂得合理地利用和保护大自然的资源，维护生态平衡的道理。

教学重点

1．通过抓关键字、词，理解含义深刻的句子。

2．理解小村庄变化的过程和原因。

教学难点

1.探究小村庄变化甚至消失的根本原因。

2.引导学生懂得合理地利用和保护大自然的资源，并行动起来，从点滴做起。

教学准备

1．课前学生收集一些人类破坏环境带来危害的资料。

2．多媒体课件：小山村的美景，小山村被毁时的惨景，破坏环境给人类带来危害的画面。

3．课件展示重点句子，探究山村消失的原因。

教学过程

一、联想词语，感受美丽

1．联想是一种非常重要的学习方法，现在我们就用这种方法学几个词语。

2．抽查学生读读这些词语，并纠音，然后齐读。

3．导语：有时一个词就是一幅美丽的画，读着课文中的词语，你脑海里会出现什么样的画面？

4．板书课题，并齐读课题，引导学生质疑。

二、以读入境、以境激情

（一）学习第一自然段，感悟小山村的美丽。

1．课件播放美丽的小山村的画面。

请大家边欣赏边想，你看到了什么？听到了什么？同时想一想，我们能不能用刚才学到的词语描述你所看到的。

2．交流：看了视频，你觉得它是个什么样的小山村？（板书：美丽）

3．品读第一段，感受小山村的美丽。

（1）这个小山村美在哪儿呢？（板书：有……）

（2）大家先认真读读，待会儿我们来赛读，看通过朗读谁能把我们带进这个美丽的小山村。

（3）抽生读，学生评价；小组挑战读；师生比赛读。

（4）入情入境，美读第一自然段。

假如你就是美丽山村的居民，让我来采访一下：

在这青山绿水、鸟语花香的小山村中，你会做些什么事情呢？（感悟小山

村带给人们的快乐）

导语：是呀，优美、和谐的自然环境，必然为我们带来身心的愉悦。我们一起读读这些文字，把你对小山村的喜爱，把小山村带给我们的快乐读出来。（齐读第一自然段）

（二）品读第五、六自然段，感受小山村被毁的惨景。

可是就是这么一个美丽的小山村在一个雨水奇多的八月里，永远地消失了！

1．课件播放狂风、雨水、喊叫声，教师同时激情解说：

瞧！咆哮的洪水闯进了小山村，树倒了、山垮了，人们在水中挣扎着、呼喊着……生命危在旦夕。小山村呢？（点课件出示：小山村却已经被咆哮的山洪冲得无影无踪了。）（板书：无影无踪）无影无踪是什么意思呢？（师在"有……"的板书前加"没"字，并引导学生说出后面的板书进行导读。）还有哪些东西没有了？你的心情怎么样？带着这样的感情朗读这句："什么都没有了——所有靠斧头得到的一切，包括那些锋利的斧头。"

2．激情质疑。

这是一个多么美丽的小山村，曾经带给人们快乐、幸福，最后，什么也没有了。同学们，此时你最想问的是什么？

（三）小组合作读课文二、三自然段，探究山村被毁的真正原因。

1．请同学们小组合作读课文二、三自然段，把你印象最深刻的句子划下来再细细读一读、想一想，看从中能感受到什么？

（小组合作学习）

2．哪个句子给你印象最深？（课件展示重点句，并理解意思，体会思想感情。）

（1）"谁家想盖房，谁家想造犁……"

（2）"树木变成了一栋栋大大小小的房子……"

（3）"一年年，一代代……"

3．小结，深化感悟。

村民靠着锋利的斧头将无数的树木砍掉了，就连小树苗也没有放过啊！就这样，不断地砍，树木越来越少，山逐渐光秃了；地，逐渐裸露了。于是，在一个雨水奇多的八月，山洪暴发了，曾经美丽的小山村彻底消失了。师引导学生读"什么都没有了——所有靠斧头得到的一切，包括那些锋利的斧头。"

师生交流：村民们没有了什么？家具、房屋、生命、村庄……

板书：随意砍伐、破坏环境。

三、延伸扩展，创新应用

1．延伸扩展，感悟道理。

是啊，人们毫无节制地砍伐，毁坏了森林，破坏了环境，最终受到了大自然严厉的惩罚，变得一无所有。

（课件展示破坏环境给人类带来危害的画面）

你还收集到了哪些有关的资料，讲给大家听听。

看着这些，听着这些，你有什么想法呢？（我们要合理利用和保护自然资源，保护生态环境）

板书：保护环境　　人人有责

2．小记者在行动。

孩子们，虽然曾经的那个美丽的小山村消失了，但现在它已经被重建了。假如你有幸担任村长，你将如何管理小山村，让它永远美丽。（老师以记者的身份采访学生）

3．布置作业，创新应用。

以小组为单位，选择一处环境进行调查研究，根据实际情况写出简单的汇报材料。

板书设计

一个小山村的故事

随意砍伐　　破坏环境

美丽山村 ⟶ 什么都没有了

保护环境　　人人有责

10 翠 鸟

（人教版小学语文三年级下册）

牛亚梅　涂万超　邓运婵

教学设计背景及学情分析

《翠鸟》是人教版小学语文三年级下册第二单元的第一篇课文。课文生动形象地介绍了翠鸟的外形和生活习性，字里行间流露出"我们"对翠鸟的喜爱之情。这一单元的课文集中表达了人们对大自然的无限热爱之情和保护我们的生存环境的强烈愿望。训练重点是抓住描写翠鸟的外形和活动特点的词句，引导学生理解课文内容。学习作者的观察顺序和观察方法。同时对学生进行情感态度与价值观的熏陶：保护小鸟，让我们的家园更美好。

环境教育渗透点

【E2 生物多样性的重要】；【E5 保护野生动物】。

教学目标

1．通过学习课文，使学生了解翠鸟的外形特点和生活习性。

2．在读懂每句话意思的基础上，理解一段话讲了几层意思，抓住段落的主要内容。

3．学习用"总—分"的结构写一段话的方法。

4．对学生渗透环境教育，从而培养学生热爱大自然的情感，增强他们保护野生动物的意识。

教学重点

1．学习作者的观察顺序和观察方法。

2．抓住描写翠鸟外形和活动特点的词句，引导学生理解课文内容。

教学难点

1．体会作者是如何抓住事物的特点进行描写的，以及关键词句在表达上的作用。

2．感受作者对翠鸟的喜爱之情，培养学生保护动物、与动物和谐相处的意识。

教学准备

1．学生收集描写鸟类外形的精彩片段。

2．教师课前收集翠鸟的图片和捉鱼时的动作图片。

3．课件制作探究案例。

4．用直观的、感性的情景材料介绍鸟类每天能吃掉多少害虫，让情境再现。

5．一些鸟类的生活习性的图片和文字。

教学过程

一、展示资料，导入新课

1．复习生字，在括号里填上适当的词语。

翠鸟（　　）（　　）鲜艳（　　）灵活

（　　）锐利（　　）疾飞　　等待（　　）

2．同学们在课外已经收集了不少有关对鸟外形描写的精彩片段，所以知道任何一篇文章要把它写好，都要做到言之有序。

3．师生共同欣赏翠鸟的图片，学生口头介绍翠鸟外形。

师板书：颜色鲜艳　小巧玲珑

4．翠鸟又漂亮又机灵，还擅长捉鱼呢！

二、感悟探究，凸显特点

1．我们先自由练读描写翠鸟捉鱼的这部分内容，然后比赛读，看谁能读出翠鸟的特点。

2．我们比赛完了，各位小评委，咱们来评一评吧。

我觉得可以把"像箭一样飞过去，叼起小鱼，贴着水面一下子飞远了"读得比较快，而且"飞""叼""贴"这些词可以读得重一些。表现出翠鸟捉鱼的速度很快。

我想把"只有苇秆还在摇晃，水波还在荡漾"读得再慢一些，这样读才更能表现出翠鸟捉鱼的速度快……

3．同学们的朗读水平很不错，读出了小鱼的机灵，突出了翠鸟灵敏。

4．探究：翠鸟捉鱼的本领和它的外形有什么关系？

小组合作探究，完成以下填空（课件展示）：

因为翠鸟_____所以能紧紧地抓住苇秆。

因为翠鸟_____所以能发现动作机灵的小鱼。

因为翠鸟_____所以能叼起水中的小鱼。

引导学生感悟：翠鸟比小鱼更机灵。

板书：目光锐利　动作敏捷

5．"翠鸟贴着水面疾飞"，是怎样一种飞行？用手势做一做。这和"在水面上飞"有什么不同？　为什么要贴着水面疾飞？

6．你觉得这些句子中哪些词语用得好，让你好像看到了翠鸟叼鱼的生动情景？用笔画一画表现翠鸟动作敏捷的词语。

体会作者"贴""疾""注视""蹬""叼"这些词语的准确运用，所以我们在习作中要学习恰当地运用词语。

7．这么可爱的翠鸟，你们是不是都想把它动作敏捷的形象永远地留在脑海中？那就试着背背吧！（学生练习背诵，并指名背诵。）

三、延伸拓展，深化主题

1．翠鸟这么可爱，我真想捉一只来饲养。老师也很喜欢翠鸟，可是能捉吗？

2．为什么不能捉翠鸟？

翠鸟长得漂亮，动作灵敏，而且对人类有益，我们应该保护它。

翠鸟喜欢自由自在的生活，我们不能捕捉，如果捉了它，它失去了自由，会很难过。

3．我们能捉我们身边的一些小鸟吗？

鸟会吃害虫，是我们人类的朋友，我们不能捉……

板书：爱鸟　护鸟

你们真是了不起。正是有了鸟儿的存在，我们的生活才如此的丰富多彩。

大自然是多姿多彩的，各种各样的鸟儿用它们的歌声、它们的色彩、它们的姿态，给大自然带来了无限的生机与活力，而且有的鸟类还是我们人类的朋友。

（用直观的、感性的多媒体材料介绍鸟类每天吃掉多少害虫，以及各种鸟类的生活习性。）

4．课后请同学们搜集有关鸟类的图片和资料办一期以鸟类为专题的小报，进行展览和评比。

板书设计

颜色鲜艳　　小巧玲珑

翠鸟

目光锐利　　动作敏捷

（爱鸟、护鸟）

11 蒲公英的梦

（S版小学语文四年级上册）

黄雪梅 唐克先 张 平

教学设计背景及学情分析

《蒲公英的梦》是小学语文S版教材四年级上册第四单元主题《人与自然》中的第三篇精读课文。这个单元的学习是让学生明白人与自然要和谐相处，《蒲公英的梦》一文正是以童话故事的形式来说明这个道理。四年级的学生已能初步的明辨是非，懂得崇尚美好，所以在这一课的学习中，能更进一步的认识到保护环境的重要性，从而自觉增强环保意识。

环境教育渗透点

[B]空气之【B2 大气的主要污染源和污染物】,【B3 大气污染的危害】; [D]噪声之【D4 噪声污染的危害】; [C]固体废物之【C5 为减少固体废物你可以采取的行动】。

教学目标

1．学习生字新词，准确理解词句的意思，积累词汇。

2．正确、流利、有感情地朗读课文，理解课文内容，体会作者所表达的思想感情。

3．理解文中重点词句的含义，了解课文是按照事情发展顺序来写的。

4．教育学生增强环保意识，激发学生热爱大自然，保护地球的思想感情。

教学重点

1．朗读课文，读懂课文内容，体会作者所表达的思想感情。

2．理解文中重点词句的含义，了解课文的叙述顺序。

教学难点

1．理解文中重点词句的含义，了解文章叙述的顺序。

2．了解废气、酸雨、噪声、固体废物等对环境的危害，增强环保意识。

教学准备

1. 多媒体课件。
2. 收集有关废气、酸雨、噪声、固体废物等污染环境的知识。

教学过程

一、初读课文，了解蒲公英的梦境

1. 蒲公英究竟做了一个什么样的梦呢？用"_____"勾画出相关的内容，读一读。

2. 大屏幕展示蒲公英的美梦画面，学生配乐朗诵。

3. 指导多种方式朗读（个人读、评价读、赛读），感悟梦境的美好。读后随机采访：亲爱的蒲公英，你快乐吗？为什么？

二、细读课文，感受蒲公英的生活环境

（一）蒲公英在梦中是快乐的，可在现实生活中，蒲公英的遭遇又是怎样的呢？请小组合作完成学习。

（二）大屏幕出示小组探究学习要求。

1. 小组内分角色朗读1～10自然段。

2. 用"〜〜〜"勾画出蒲公英担心开不出花的句子。

3. 用"_____"勾画出蒲公英开花后的悲惨遭遇。

4. 在小组内，说说自己的感受。

（三）小组派代表交流，并结合相应句子说说自己的体会。

1. 开花前，蒲公英有什么担心的？

（1）他低下头，看看愁眉苦脸的蒲公英，关心地问："蒲公英，这么晚了，怎么还没睡啊？为什么叹气呢？"

（理解"愁眉苦脸"，指导感情朗读。）

（2）"三个月前，我不小心降落在街心公园的草坪上。住在这里，我好难受哇！要听汽车的叫喊声，呼吸呛鼻子的废气，喝有怪味的酸雨。我担心明天开不出漂亮的花。"

学生交流搜集的关于噪声、废气、酸雨的相关资料，理解蒲公英生活在被污染的环境中的感受，初步了解保护环境的重要性。

（3）小结：蒲公英深受环境污染的困扰，所以她担心开不出漂亮的花。

2. 开花后的蒲公英都遭遇了什么？

（1）"哈，开花了！真的开花了！"蒲公英看着嫩黄色的花，高兴极了，迫不

及待地想把这个好消息告诉椰子树伯伯。

（引导学生结合自己的生活实际理解"迫不及待"一词，指导朗读出蒲公英激动、高兴的心情。）

（2）不料，一辆旧汽车，边咳嗽边喘气，从蒲公英身边驶过，喷出一股黑烟，呛得她直咳嗽，嫩黄色的花瓣也被弄脏了。（让学生利用动作体会作者形象生动的写法，了解废气的来源，感受蒲公英深受废气所害的心情。）

（3）还有一辆汽车，发出震耳欲聋的叫声，从她身边呼啸而过，差点儿震落她的花瓣。（理解"震耳欲聋"，学生交流课前搜集的噪声对人体的危害，体会蒲公英深受噪声的困扰。）

（4）地上一只空饮料罐，被汽车轮子碾得飞了起来，不偏不倚砸在蒲公英的身上。"啊！"蒲公英大叫一声，眼前一黑，痛得昏了过去。（"不偏不倚"是什么意思？让学生联系生活实际，想象蒲公英的痛苦，并指导感情朗读。）

三、拓展延伸，情感升华

1．蒲公英刚刚开出漂亮的花，却遭到了一连串痛苦的打击。如果你是蒲公英，你会说些什么呢？仅仅是蒲公英才生活在这样的环境中吗？

2．面对蒲公英的不幸遭遇，椰子树伯伯是怎么安慰她的呢？齐读椰子树伯伯的话。

3．夜晚，蒲公英做了一个美丽的梦，让我们再来一起感受一下她那美丽的梦境吧！（配乐朗诵 11 自然段）

4．思考：蒲公英的梦会实现吗？要实现她的梦想，我们应该怎样做呢？

5．教师总结："蒲公英的梦"其实就是希望我们好好地保护环境，让大家生活在美丽的环境中。只要我们大家齐心协力，蒲公英的好梦一定会成真的。

四、课外作业

1．走出校园，深入大自然，为保护环境做力所能及的事。

2．以中队的名义发出倡议书，在全校开展保护环境的签名活动。

3．当当小作家：发挥想象，续写童话故事《蒲公英的梦》。

板书设计

蒲公英的梦

黑烟呛 \
汽车吵 } 蒲公英（希望）{ 不乱排废气 \ 不制造噪声 } 保护环境 \
罐子砸 / 不乱扔垃圾

12 小树死因调查报告

（S版小学语文四年级下册）

张　平　洪祥英　黄雪梅　唐克先

教学设计背景及学情分析

这篇调查报告通过对小树死因的调查、分析，得出结论：小树的死亡，大多是人为因素造成的，并且与集贸市场有很大关系。最后提出建议，采取相应措施来保护绿化成果。这是一篇与环境教育密切相关的课文，加之学生在之前的学习中已经初步有了保护生态环境的意识，进入这篇课文的学习，再联系我们生活中的实际例子，能使学生更自觉地树立环保意识，保护环境。

环境教育渗透点

【E3 植物多样性面临的威胁】；【E4 植树与绿化】。

教学准备

1．课前带领学生，走出课堂，步绕县护城河走一圈，让学生们亲眼目睹护城河因遭到人为污染和破坏而伤痕累累的景象。

2．相关资料及课件。

教学目标

1．认识 8 个生字，会写 11 个，学习用"并且"造句。

2．继续练习默读课文，理解课文内容。

3．弄清文章的结构，了解各部分的联系，初步学习写调查报告的方法。

4．教育学生树立环保意识，自觉保护环境。

教学重点

弄清这篇调查报告各部分的内容，以及各部分之间的联系，了解调查报告的写法。

教学难点

让学生了解调查报告的意义，初步学习用课文中的方法去搜集、分析、处理信息。

教学过程

一、复习引入新课

1．抽读生字词语。

2．说一说什么是调查报告？

二、细读课文，感悟理解

（一）快速默读课文，说说这篇调查报告有哪几部分组成？

（原因——调查——分析——结论——建议）

（二）学习一、二自然段，思考：作者为什么对小树死因进行调查？

1．学生回答后板书：

春天（发芽）　　　　　　　　　夏天（枯萎）

2．指导朗读。

（三）小组合作学习"调查"和"分析"两个部分。

1．出示学习要求：

第一步：在小组内学习"调查"部分。

（1）在一自然段中用"＿＿＿"划出作者调查中的做法。

（2）在二自然段中用"△"划出表示数字的词语。

（3）小组内交流所勾画的语句，然后读一读。

第二步：在小组内学习"分析"部分。

（1）说一说：作者进行了哪些方面的分析？

（2）这些小树在正常情况下应该生长得怎么样？为什么？

（3）小树生长的不利因素是什么？

2．小组汇报交流。

3．出示句子：今年的气候比较适宜树苗生长，并且没有发现病虫害。

（1）抽读句子。

（2）说说前后句之间的关系，试着用"并且"造句。

（四）学习"结论"部分

1．小组合作学习：

说一说：作者得出了什么样的结论？你认为这样的结论对吗？为什么？

2．小组汇报交流。

（五）学习"建议"部分

1．说一说：作者提出了哪些建议？

2．你还有什么更合理的建议和措施来保护绿化成果？

3．小结：要想保护绿化成果，需要我们每一个人行动起来，大家都争做爱树、护树的好公民。

三、理清文章脉络

1．小组讨论：调查报告的各个部分之间能改变顺序吗？为什么？

2．交流课外收集的调查报告，简要分析其结构。

四、课后拓展（任选一题）

1．利用课前的护城河调查资料，分组讨论，认真分析，找出护城河受污染的原因。根据受污染的情况，你会提出哪些建议？你准备向谁提？你应该怎样做？

2．写一份关于学校卫生的调查报告。

3．写一份关于地沟油的调查报告。

4．写一份关于空气污染的调查报告。

板书设计

小树死因调查报告

原因——调查——分析——结论——建议

保护环境

13 黄河是怎样变化的

（人教版小学语文四年级下册）

张　平　陈先林　黄雪梅

教学设计背景及学情分析

　　《黄河是怎样变化的》是人教版《义务教育课程标准实验教科书》四年级下册第三单元的一篇略读课文。这个单元的主题是"大自然的启示"。《黄河是怎样变化的》围绕"黄河是怎样变化的"这一主题讲了四个方面的内容：灾难、摇篮、原因和治理。其教学任务是在语文阅读教学中渗透环境教育，引导学生进一步关注自然、了解自然，在对自然的观察、了解、发现中受到有益的启示，提高学生把握文章主要内容的能力和默读与自学能力。在设计中，引导他们搜集、默读、朗读、质疑、观看、交流、感悟等，通过他们的自学、互学、讲学，发展学生的观察、想象、阅读、理解、表达等能力。通过课外知识的延伸，呼吁学生保护环境，保护母亲河。

环境教育渗透点

　　[A]水之【A3 水污染与治理】；[J]气候变化与低碳生活之【J2 气候变化的原因及影响】；[K]重要概念、政策法规及其他之【K1 生态文明】。

教学目标

　　1. 正确、流利地朗读课文，把握课文主要内容；掌握列数字和做比较的说明方法，体会重点语句。

　　2. 了解黄河的过去和现在，知道黄河变化的原因及其内在的联系，从中受到启示，培养保护大自然的意识。

　　3. 收集有关黄河的资料，观看黄河流域的图片和视频，激发保护母亲河的社会责任感。

教学重点

　　了解黄河的变化过程。

教学难点

理解造成黄河变化的原因。

教学准备

1. 课前让学生搜集有关黄河的资料和图片。
2. 收看黄河流域的视频，关注黄河。
3. 制作多媒体课件。

教学过程

一、激情导入——黄河

（一）歌曲导入：古老的东方有一条龙，她的名字叫中国，古老的东方有一条河，她的名字叫黄河……

（二）你能背诵哪些关于黄河的诗句？

欲穷千里目，更上一层楼。——王之涣《登鹳雀楼》

黄河之水天上来，奔流到海不复回。——李白《将进酒》

黄河远上白云间，一片孤城万仞山。——王之涣《凉州词》

千里黄河此一弯，寒风激浪射潼关。——唐太宗

过渡：黄河，是中华民族的母亲河；黄河，是亿万中华儿女成长的摇篮，但它又是一条多灾多难的祸河，那么黄河又是怎样由"摇篮"变成"祸河"的呢？今天就让我们走近黄河，去看看她是怎么变化的。（板书课题：黄河是怎么变化的）

二、自读课文——自学

请同学们用自己喜欢的读书方式读课文，提出自己的疑问（学生质疑）。

三、合作探究——互学

现在老师考考大家：谁能用文中的词来说说下面的问题。

1. 黄河原来是什么样的？
2. 后来黄河变成什么样了？
3. 黄河发生变化的原因是什么？
4. 怎样才能治理好黄河？

板书：原来——摇篮，后来——祸河，原因——水土流失，治理——管住河沙。

四、全班交流——讲学

（一）找到文中描写黄河原来样子的句子，读一读。

1. 生读第三自然段。

2. 读了这段话，你的感受是什么？说说你从文字的背后看到了什么？（小老师讲学，教师点拨）

（1）看到了温暖适宜的气候，看到了美丽的自然风光，看到了人们在这里安居乐业，看到了灿烂辉煌的华夏文明……

（2）学习了这部分知识后我觉得课文中说黄河是中华民族的摇篮，"摇篮"指发源地。

（3）我感受到原来的黄河就像一位美丽温柔的母亲，用自己的乳汁哺育着自己的孩子，是生命之源。

3. 小结：让我们怀着对母亲的爱，深情地齐读这一段。

（二）作者正是用作比较的说明方法，将黄河与淮河流域作比较，巧妙地写出了黄河变化前的自然状况，那么，你们想看一看今日的淮河流域吗？

1. 出示淮河流域以往的美景图片，原来的淮河流域是什么样的？（气候温暖，森林茂密，河水清澈，土地肥沃）

2. 原来的黄河是这样的美，我们的祖先才选择在这里繁衍生息，我们才称它为母亲河。请同学们默读课文一～五段，想想黄河发生了哪些变化？（小老师讲学，教师点拨）

师结：不到两千年就泛滥了一千五百多次，不到两年就是一次灾难。人们还没有从第一年的灾难中恢复过来，又面临新的灾难，人们怎能不叫苦不迭呢？母亲河成了祸河，摇篮成了忧患。

3. 放实景录像，黄河流域的近况视频[网上搜索]。

4. 你还从哪些句子中可以看出黄河变坏了？

5. 黄河还发生了哪些变化？

6. 出示悬河图片，理解悬河，感受黄河变化。（PPT出示）

7. 请同学们用自己喜欢的方式读一读第六自然段，找出黄河变化的原因。（唤醒生态文明）

8. 许多曾经辉煌、灿烂的大河文明，由于人为的破坏而今已经衰败；曾经高高屹立的巴比伦城已经荡然无存，我们决不能让黄河也这样，我们应该怎么办？

（三）读课文最后一自然段。

思考并交流：新中国成立后，科学家们为治理黄河设计了哪些方案？同学们有什么好的方案吗？[合作探究，小组汇报]学习了本节课你有什么感受呢？

五、拓展延伸——环保

（一）同学们，人类只有一个地球。保护环境，保护母亲河，人人有责。今天我们知道了保护环境的重要性，就让我们为环保出一份力，向社会各界人士发出我们的呼吁。

（二）将自己的呼吁写在卡片上，送给自己的亲朋好友，课后小组制作以"环境保护生态文明"为主题的小报在全班展评。

（三）小结：老师相信，中华民族的母亲河，在同学们的努力之下，一定会重见笑颜、重放光彩，我们的地球也一定会焕发出生机与活力。

板书设计

黄河是怎样变化的

黄河（母亲河）

过去（摇 篮）　原因——水土流失

后来（祸 河）　治理——管住河沙

保卫黄河　　保护生态

14 金 奖 章

（S版小学语文五年级上册）

刘雪梅　晏明英　宋　燕

教学设计背景及学情分析

大地不属于人类，属于地球上的一草一木、一山一石，谁也没有权利凭借自己的喜好、善恶来破坏大地的完整和庄严。《金奖章》讲述了地球环境保护组织把金奖章颁发给地球的清道夫——乌鸦的故事。

引导学生抓住重点词句理解课文内容，激发学生明白地球上的居民，既是地球的供养者，也应为地球做贡献。让学生体会到虽然动听的歌声和高雅的外表给人们带来美的享受，但是地球清道夫——乌鸦却将地球清理得干净整洁，为净化自然环境做出了重要的贡献，让学生从中受到绿色教育、环保教育。

环境教育渗透点

【E2 生物多样性的重要性】；【E5 野生动物保护】。

教学目标

1. 理解文章内容，懂得荣誉不是靠争来的，只有踏踏实实做事，默默为大家做贡献的人，才配得到荣誉，最受人尊敬。

2. 引导学生抓住对鸟的语言、神态、心理活动的描写，体会课文所表达的思想感情。

3. 激发学生了解动物对地球环境做出的贡献，从而保护动物，爱护环境。

教学重点

理解文章内容，懂得荣誉不是靠争来的，只有踏踏实实做事，默默为大家做贡献的人，才配得到荣誉，最受人尊敬。

教学难点

品味语言，从课文对鸟的语言、神态、心理活动的描写中体会作者表达的思想感情。

教学准备

1．搜集、查找对地球自然环境有益、对人类有益的动物，了解它们的特点及对人类的益处。

2．阅读"阅读链接"中的《灭害功臣——乌鸦》短文。

3．教师自制课件。

教学过程

一、谈话引入

学生谈对乌鸦的印象引入课题。（板题）

二、整体感知课文内容

1．检查生字、新词的预习情况。

2．认真默读课文，思考：课文围绕"金奖章"写了一件什么事？

三、学习第2～14自然段

1．出示小组合作学习要求。

（1）默读2～14自然段，勾画群鸟得知地球环保组织要派使者来颁发奖章后，分别是如何表现的词句，找一找他们以什么理由来争奖章。

（2）分角色朗读。

（3）从鸟儿们的神态、语言、心理活动描写中，你读出了什么？

2．小组汇报学习成果。

3．重点感悟喜鹊的特点。

（1）找出喜鹊的话读一读，想想他为什么要这么说？

（2）这是一只怎样的喜鹊？

过渡：群鸟们在金奖章面前就是这样一扫平日彬彬有礼的斯文样子，争个不休。你想给这幅画面起个什么四字小标题？（群鸟争章——板书）那金奖章最后颁发给了谁？（章颁乌鸦——板书）为什么要颁发给乌鸦呢？我们看看群鸟在荣誉面前争论不休时，乌鸦在干什么。

四、学习课文第1自然段

1．指名生读第1自然段，抓住"只有、不声不响"体会乌鸦踏踏实实做事、默默为大家做贡献。

2．再读第 1 自然段，读出乌鸦和群鸟的迥然不同。

五、小组学习第 15～25 自然段

过渡：第 1 自然段运用了对比的写法，对比的写法在文中还有，请小组学习第 15～25 自然段，找一找当使者来时，群鸟和乌鸦的表现分别是什么？

1．出示小组学习要求。

（1）默读第 15～25 自然段。

（2）用不同的符号勾画出使者来了，描写群鸟和乌鸦的语言、神态、心理活动的词句。

（3）在小组内说说从这些描写中，你体会到他们的心情是怎样的？

2．小组展示学习成果，其他小组补充。（重点点拨以下句子，生先说哪里就先学哪里）

（1）群鸟：第 15～21 自然段。

①从"鸟儿们的眼珠子都快飞出来了"这句话运用的修辞手法体会此时鸟儿们的心情。

②抓住对话描写、喜鹊的心理描写体会鸟儿们的急切心情。

③分角色朗读，读出鸟儿们迫切地想得到金奖章的心情。

（2）乌鸦：第 23、24 自然段。

从乌鸦的神态体会它的谦虚谨慎。（谦虚谨慎——板书）

（3）探究乌鸦为什么能获得奖章。

①找出相应的语句，指名生读这段话，随机出示句子：乌鸦每天把腐烂的动物尸肉、别人吃剩的残渣碎屑，都收拾得干干净净，还默默地捕捉害虫。他对净化自然环境，防止疾病蔓延做出了特殊而重要的贡献！

②汇报乌鸦还吃哪些食物。

③汇报乌鸦对环境保护所起的作用。

3．学习最后一个自然段，明白道理。

（1）探究乌鸦在大家的眼里一下子变得美丽起来的原因。

（2）教师启发：从这个故事中，你明白了什么道理？

六、拓展延伸

你认为地球环保组织还应该把金奖章颁发给哪种动物？请为它写一段颁奖词。

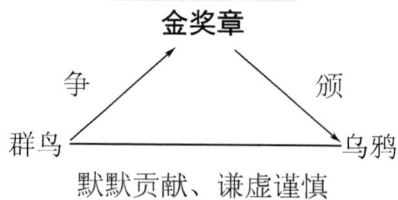

金奖章

争　　颁

群鸟　　　　　　　　乌鸦

默默贡献、谦虚谨慎

15 西风胡杨

（S版小学语文五年级上册）

刘雪梅　雷崇镇　朱世聪　陈先林

教学设计背景及学情分析

我国土地荒漠化和沙化土地面积占全国面积的 1/4 以上和 1/6 以上,成为我国最为严重的生态问题, 保护与治理任务非常艰巨。《西风胡杨》描述了胡杨坚韧、无私、悲壮的可贵品质, 抒发了作者对胡杨的热爱、赞美和同情, 表达了作者对环境保护事业的关注。

在教学中, 培养学生热爱大自然的情感, 学习作者观察大自然的方法和写作的表达方法, 让学生在感受大自然美的同时更要意识到: 人类不仅有热爱它的权利, 更有保护它的责任。

环境教育渗透点

【A4 节水技术与措施】; [E]生物多样性之【E4 植树与绿化】。

教学目标

1. 引导学生深入理解课文内容, 了解胡杨特点。
2. 体会作者对胡杨的热爱、赞美和同情之情, 以及对环保事业的关注。
3. 引导学生在感受大自然美的同时更要意识到: 人类不仅有热爱它的权利, 更有保护它的责任。

教学重点

1. 了解胡杨的特点及作者对胡杨的赞美、热爱和同情。
2. 明白保护大自然、爱护环境是我们每个人的责任。

教学难点

引导学生在感受大自然美的同时更要意识到: 人类不仅有热爱它的权利, 更有保护它的责任。

教学准备

1．搜集我国土地荒漠化、沙化的相关资料。

2．查阅资料：有关塔里木、罗布泊、楼兰、西域的知识，了解胡杨的生存环境。

教学过程

一、引入课题，检查预习

1．谈话引入：有一种树，活着千年不死，死后千年不倒，倒后千年不朽。它就是胡杨，它就是生活在沙漠中、生活在烈烈西风中的胡杨。（板书课题）

2．检查学生认读字词和朗读课文情况，老师给予指导。

二、初识胡杨，了解特点

1．课件出示小组合作学习要求。

2．生反馈。

（1）找出写胡杨特点的段落读一读。（2～4自然段）

（2）胡杨有哪些特点？（板书：坚韧、无私、悲壮）

（3）选择其中一个特点展开讨论：为什么说胡杨是最坚韧、最无私、最悲壮的树？

（抓重点词句理解：胡杨既耐热耐寒，又不怕盐碱不怕风沙，是最坚韧的树；胡杨能阻挡风沙，保护环境，是最无私的树；胡杨为保卫热土千年不死，死后千年不倒，倒下千年不朽，是最悲壮的树。）

三、欣赏胡杨，了解古今

1．图文结合学习第1自然段，欣赏胡杨的美。

2．齐读第5自然段，读出作者对胡杨的热爱、赞美。（板书：热爱、赞美）

3．深入了解胡杨的过去。

生分享课前搜集的有关塔里木、罗布泊、楼兰、西域的知识。

过渡：胡杨孕育了整个西域文明，默默为人类做出了巨大贡献，可这么坚韧、无私、悲壮的胡杨却哭了，它为什么要哭呢？

4．学习第6自然段，了解胡杨的现在。

（1）默读，思考：胡杨为什么哭？为谁而哭？

（2）反馈。（胡杨哭是为了求人类将上苍原本赐给它们的那一点点水留下，它在为自己而哭，更在为人类的无知、自私、破坏而哭）

（3）勾画出人类是怎样破坏大自然的语句。

（4）生反馈。（拦水造坝，围垦开发）

（5）师补充介绍上游人们围垦开发修建水库的事例。

（6）学生汇报搜集我国土地荒漠化、沙化的相关资料。

四、关注胡杨，保护环境

过渡：听了同学们的介绍，我的心情不自觉地变得沉重，作者也和我们一样无比悲痛，所以他在那里默默地祈求。

1．学生默看第7、8自然段，勾画写作者祈求的句子。

（1）生反馈，出示句子。

（2）"祈求"是什么意思？作者恳切地希望什么？（向上苍祈求降下雨水，向胡杨祈求坚持，向人类祈求关心、关注）

（3）读句子，体会作者的感情。（板书：同情、关注）

2．明理导行。

过渡：作者祈求上苍和胡杨有用吗？（没有）求谁才有用？（人类）那我们可以为胡杨做点什么呢？

生1：我们要节约用水。

生2：我们要多植树造林，防止水土流失。

…………

小结：我们保护环境就是在保护我们人类自己，作者的祈盼归根结底就是要唤醒人类增强环保意识。

3．指导朗读。

五、赞美胡杨，延续精神

1．胡杨坚韧、无私、悲壮，课文中称他们是拼搏着的"战士"，同学们觉得胡杨还可以称得上什么"士"呢？用"士"字组词。（勇士、壮士）

2．总结课堂：同学们，这一课让我们认识了胡杨，通过胡杨的命运让我们知道了环境保护迫在眉睫，希望大家能从现在做起、从自己做起、从身边的小事做起，一起来保护环境、保护胡杨、保护我们赖以生存的地球吧！

六、作业

1．抄写自己喜欢的优美的词语或句子。

2．写一份保护环境的倡议书。

板书设计

西风胡杨

坚韧	勇士
无私	战士
悲壮	壮士
热爱、赞美	同情、关注

保护环境

16　假如没有灰尘

（人教版小学语文五年级上册）

雷崇镇　朱世聪　晏明英

教学设计背景及学情分析

　　在人们眼中，灰尘通常是污染环境、传播病菌、危害人类健康的罪魁祸首。而《假如没有灰尘》这篇课文却向我们介绍了灰尘鲜为人知的另一面：人类的生息离不开灰尘。作者通过灰尘的作用，揭示出一个深刻的哲理：事物往往都具有两面性，只有正确地认识它们，才能趋利避害，造福人类。

　　引导学生体会作者准确的用词、形象的表达；让学生知道灰尘的特点和作用，懂得任何事物都有两面性，受到初步的辩证唯物主义启蒙教育。

环境教育渗透点

　　【B2 大气的主要污染源和污染物】；【B3 大气污染的危害】；【B4 大气污染的防治】；[K]重要概念、政策法规及其他之【K10 新《大气污染防治法》、新《环保法》】

教学目标

　　1．理解课文内容，知道灰尘的特点和作用。

　　2．学习作者的表达方法。

　　3．懂得任何事物都有两面性，受到初步的辩证唯物主义启蒙教育。

　　4．懂得灰尘太多会污染环境，但存在适量的灰尘对大自然和人类都有好处，从小树立爱科学、学科学、用科学的意识。

教学重点

　　体会作者准确用词及说明事物的表达方法。

教学难点

　　明白灰尘与人类的关系，懂得任何事物都有两面性，只有正确地认识它们，才能趋利避害，造福人类。

教学准备

1．收集资料，从正反两方面了解灰尘与人类生活的密切关系。

2．收集资料，了解灰尘与雾、霾、空气之间的联系。

教学过程

一、谈话导入

在我们的地球上，有一些永不疲倦的旅行者，从室内到室外，从城市到野外，从平原到山区，从沙漠到海洋，只要有空气的地方几乎处处都有它们的行踪。它们就是——灰尘。（板书：灰尘）

你能说说灰尘的主要来源吗？

（土壤和岩石、工业排放物、燃烧烟尘等。）

二、初读课文，注意读准字音

三、学习课文第一自然段

1．齐读课文第一自然段。

灰尘是人人讨厌的东西，它有碍环境卫生，危害人类健康。因此，古往今来，人们总是"时时勤拂拭，勿（wù）使染尘埃（āi）"。然而你可曾想到，人类的生息离不开灰尘。

2．谈谈你对"时时勤拂拭，勿使染尘埃"的理解。

["拂拭"是指掸掉或擦掉灰尘，"勿"是"不要"的意思，"尘埃"就是尘土。这句话的字面意思是：从古代到现在，人们总是经常擦拭灰尘，使（物品）不沾染尘土。]

3．你从"时时勤拂拭，勿使染尘埃"这句诗中，感受到了人们对灰尘怎样的情感？（讨厌）

4．交流收集的资料，讨论灰尘造成的危害。

（1）灰尘的危害。

（2）吸进肺里的灰尘去了哪？

四、学习课文第三自然段

1．引导学生交流讨论，再读再悟，体会文章用词的准确性。

灰尘颗粒的直径一般在万分之一到百万分之一毫米之间。人眼能看到的灰尘，是灰尘中的庞然大物，细小的灰尘只有在高倍显微镜下才能看见。灰尘的主要来源是土壤和岩石。它们经过风化作用后，分裂成细小的颗粒。这些颗粒和其他有机物颗粒一起在空中飘浮。

比较下面的两句话，说说这两句话有什么不同？第二句用了哪些说明方法？这样的说明方法有什么好处？

（1）灰尘很小很小。

（2）灰尘颗粒的直径一般在万分之一到百万分之一毫米之间。人眼能看到的灰尘，是灰尘中的庞然大物，细小的灰尘只有在高倍显微镜下才能看见。

①万分之一到百万分之一毫米之间。（列数字）

②人眼能看到的灰尘，是灰尘中的庞然大物，细小的灰尘只有在高倍显微镜才能看见。（作比较）

③好处：更具体、真实地突出事物的特点，增强可信度。

2．过渡：灰尘，它散落在窗台、桌面，污染环境；漂浮在空中，如影相随，传染疾病，甚至给人类带来了巨大的危害，所以人人都讨厌它。可是假如没有灰尘，这世界将会是怎么样的？（板书：假如没有）

五、学习课文第四至六自然段

1．默读课文，用"＿＿＿"画出灰尘的特点，用"～～～"画出灰尘的作用。

（1）灰尘的特点如下：

①灰尘能吸收部分太阳光线和向四周反射太阳光线。

②灰尘反射光波较短的紫、蓝、青三色光，吸收光波较长的其他色光。

③灰尘大多具有吸湿性能。

（2）灰尘的作用如下：

①灰尘能使阳光强度大大削弱。

②灰尘能使天空呈蔚蓝色。

③灰尘能调节气候，如果没有灰尘，就没有气象万千的自然景色。

2．假如自然界真的没有灰尘，我们将面临怎样的情形呢？找到相关的句子，用"＿＿＿"画下来。

（1）假如大气中没有灰尘，强烈的阳光将使人无法睁开眼睛。

（2）假如大气中没有灰尘，天空将变成白茫茫的一片。

（3）假如空中没有灰尘，大自然将多么单调啊！

3．过渡：虽然灰尘污染环境，危害人的健康，让人讨厌，可是正因为有了灰尘反射强烈日光，人们才能睁开眼睛，天空才会五颜六色；正因为有了灰尘吸湿，万物才不会湿漉漉的，才会形成云雾雨雪，才能使生物正常生长。总之，有了灰尘，人们的生活才能丰富多彩，自然景色才会气象万千。

课件出示：自然风光。（学生欣赏）

4．补充灰尘的相关知识：

据新华社报道：名为"智能灰尘"的项目由美国国防高级研究计划局资助。"智能灰尘"使用微电子机械系统技术设计，能够通过飞机散播到敌方公路、阵地上。以电池驱动的"智能灰尘"能够感应到敌方的活动，并能把得到的信息传送回总部。

六、课堂小结

1．这篇课文告诉我们太多的灰尘确实会污染环境，危害健康，但适量的灰尘存在对人类和大自然都有好处。看来，事物往往都具有两面性，我们只有正确认识它们，才能趋利避害，造福人类。

2．说话写话。

生活中还有哪些事物具有两面性？举例说明，并试着写下来。

七、拓展延伸

1．继续搜集关于灰尘的危害与作用的资料。

2．开展辩论会：灰尘的利与弊。

3．开展"灰尘对动植物的危害"的科学实验研究，探究灰尘的秘密。

4．课外阅读：《一粒灰尘能怎么样》。

板书设计

假如没有灰尘

危　害	作　用
污染环境	阳光变柔和
	天空变蔚蓝
危害健康	大自然不单调

17　老人与海鸥

（S版小学语文五年级下册）
朱世聪　许夕英　雷崇镇

教学设计背景及学情分析

圣雄甘地说："一个国家的伟大可视其如何对待动物加以衡量。"人与动物是共生共存的，必须和谐相处，所以，善待动物就是善待人类自己。

《老人与海鸥》这篇课文写的是一位老人每到冬季来临就到昆明的翠湖之畔喂那里越冬的红嘴鸥，与海鸥结下不解之缘的故事。

教学时，引导学生抓住重点语句，感受老人爱鸥、护鸥的一片深情，使学生认识到动物是有灵性的，它们是人类亲密的朋友。我们对它们所付出的任何一份感情，都能得到它们加倍的回报。

环境教育渗透点

【E5 野生动物保护】；【K1 生态文明】。

教学目标

1. 有感情地朗读课文，抓住重点语句，揣摩作者是如何把老人和动物之间的感情写具体的。

2. 让学生认识到动物是有灵性的，它们是我们亲密的朋友。我们对它们所付出的任何一份感情，都会得到加倍的回报。

教学重点

读懂课文内容，了解老人与海鸥之间深厚的感情。

教学难点

体会课文是怎样真实、具体地表达人与动物之间的感情的。

教学准备

1. 收看关于动物方面的科普电视，尤其是关于海鸥的相关资料。

2. 收集关于"海鸥老人"——吴庆恒的资料。

教学过程

一、谈话导入，交流收集的资料

1. 我们通过老舍先生的笔触感受到了猫的可爱；因为冯骥才先生的精心呵护，怕人的珍珠鸟与他能和谐相处；即将葬身大海的人们居然能被海豚挽救生命……这些发生在人与动物之间的一幕幕，让我们为之动容。你们还知道哪些发生在人与动物之间的和谐相处的故事。

2. 今天，我们还要学习一篇发生在人与鸟之间的真实故事。（引出课题并板书：老人与海鸥）

3. 说说课文主要写了一件什么事？

（老人十几年如一日喂养海鸥，与海鸥结下了深厚的感情；老人去世后，海鸥送别老人，不忍离去。）

二、学习课文第 1 至 13 自然段，体会老人与海鸥之间的深厚感情

1. 你从三个"褪色""每天步行二十余里""只是"这些词句中体会到了什么？

在喂海鸥的人群中，很容易认出那位老人。他的背已经驼了，穿一身褪色的过时布衣，背一个褪色的蓝布包，连装鸟食的大塑料袋也用得褪了色。朋友告诉我，这位老人每天步行二十余里，从城郊赶到翠湖，只是为了给海鸥送餐，跟海鸥相伴。

2. 抓住描写老人的神态、动作、语言的词语，感受老人对海鸥的一片深情。

（1）喂海鸥

人少的地方，是他喂海鸥的领地。老人把饼干丁很小心地放在湖边的围栏上，退开一步，撮起嘴向鸥群呼唤。立刻便有一群海鸥应声而来，几下就扫得干干净净。老人顺着栏杆边走边放，海鸥依他的节奏起起落落，排成一片翻飞的白色，飞成一篇有声有色的乐谱。

抓住描写老人动作的词语"放、退、撮"，体会老人喂海鸥的动作是那么的娴熟，海鸥与老人之间又是那么默契。通过描写海鸥的词语"起起落落、扫、应声而来"感受当时的场面，体会像一幅灵动的画，更像一首美妙的歌的意境。

（2）唤海鸥

在海鸥的鸣叫声里，老人抑扬顿挫（cuò）地唱着什么。侧耳细听，原来是亲昵（nì）得变了调的地方话——独脚""灰头""红嘴""老沙""公主"……

你从一个个既朴实又有个性的名字中体会到了什么？

（我们看到的是老人对海鸥的亲昵，对海鸥的爱，老人亲昵而自然地呼唤着一只只海鸥，就像在呼唤着自己的儿女。他那一声声对海鸥的呼唤，正是一首首动听的歌曲。）

（3）谈海鸥

谈起海鸥，老人的眼神立刻生动起来。海鸥最重情义，心细着呢。前年有一只海鸥，飞离昆明前一天，连连在我帽子上歇落了五次，我以为它是跟我闹着玩儿，后来才知道它是跟我告别。它去年没有来，今年也没有来……海鸥是吉祥鸟、幸福鸟！古人说'白鸥飞处带诗来'，十多年前，海鸥一来，我就知道咱们的福气来了。你看它们那小模样！啧（zé）啧……"海鸥听见老人呼唤，马上飞了过来，把他团团围住，引得路人都驻足观看。

十多年了，老人每天必来，老人视海鸥为儿女，对海鸥一片深情。每当老人谈起海鸥，"眼神立刻生动起来"，你从中体会到了什么？

（老人和海鸥就像是亲人一样。）

3．教师小结：

老人每逢冬天，都要到翠湖边喂海鸥、唤海鸥、谈海鸥，老人把海鸥看作自己的儿女，对海鸥一片深情。十多天后，有人告诉我们：老人去世了，我们把老人最后一次喂海鸥的照片放大，带到翠湖边，可意想不到的事情发生了。究竟是什么意想不到的事呢？

三、学习课文第 14 到 17 自然段：整体感受海鸥对老人的一片深情

1．用"＿＿＿＿"画出让人们意想不到的句子。

（1）意想不到之一。

听到这个消息，我们仿佛又看见老人和海鸥在翠湖边相依相随……我们把老人最后一次喂海鸥的照片放大，带到了翠湖边。意想不到的事情发生了——一群海鸥突然飞来，围着老人的遗像翻飞盘旋，连声鸣叫，叫声和姿势与平时大不一样，像是发生了什么大事。我们非常惊异，急忙从老人的照片旁退开，为海鸥们让出了一片空地。

为什么海鸥这次的叫声和姿势与平时大不一样？（学生交流、讨论、反馈）

（2）意想不到之二。

海鸥们急速扇动翅膀，轮流飞到老人遗像前的空中，像是前来瞻（zhān）仰遗容的亲属。照片上的老人默默地注视着周围盘旋翻飞的海鸥们，注视着与他相伴了多少个冬天的"儿女"们……过了一会儿，海鸥纷纷落地，竟在老人遗像前

后站成了两行。它们肃立不动，像是为老人守灵的白翼天使。

从画横线的句子中，你感受到了什么？（学生交流、讨论、反馈）

（3）意想不到之三。

当我们不得不去收起遗像的时候，海鸥们像炸了营似的朝遗像扑过来。它们大声鸣叫着，翅膀扑得那样近，我们好不容易才从这片飞动的白色旋涡中脱出身来……

如果我们把"扑"字换成"飞"字，好不好？为什么？

2．同学们，海鸥是多么的爱老人，它们在老人的遗像前，大声鸣叫着，似乎在说什么？请你展开想象，如果你是其中的一只海鸥，此时，你会对老人说什么呢？（学生畅所欲言）

四、回归整体，升华情感

1．这一组组镜头，让我们深受感动，并为之感概。联系上下文说说：海鸥为什么会有这样异常的举动呢？

2．小结：正因为老人对海鸥细心的照料和无私的关爱，他们之间才建立起了如同亲人般的情感。在老人去世后，海鸥才会出现不寻常的做法。

3．课件出示：云南昆明的翠湖公园老人塑像。

教师过渡：这塑像就是文中的海鸥老人，他的名字叫吴庆恒。这尊塑像坐落在云南省昆明市翠湖公园中，它不是政府拨款所建，也不是财团出资，而是市民自发捐钱塑造的，它已经成为昆明市一道亮丽的风景。

孩子们，假如你此时就站在老人的塑像前，你想说些什么？

对老人深情地说：_____。

对海鸥深情地说：_____。

对围观的群众深情地说：_____。

对地球上所有的人们和动物深情地说：_____。

五、课堂总结

善良的老人，纯洁的海鸥，彼此间用真情共同谱写了一曲爱的赞歌。那份相知、牵挂与依赖，让我们猛然醒悟，人与自然的和谐共处，原来如此美好、如此动人！它无时无刻不在提醒我们，要与大自然做朋友，珍爱生命，热爱生活！

如今，每到海鸥飞临翠湖边的季节，就会有许多市民像当年的老人一样，给它们喂食。老人虽然已经故去，但他关爱动物的善举将永远在人们中间传承下去！

六、拓展延伸

1. 结合自己的生活经验和所收集的资料，写一份关于"人类如何与大自然友好相处"的倡议书。

2. 课外阅读推荐：

（1）《我的野生朋友》。

（2）阅读《语文同步读本》（五年级下册）中的《狗獾》和《卡罗尔和她的小猫》。

板书设计

老人与海鸥

与海鸥相伴——→喂、唤、谈 ⎫
                              ⎬亲人般的爱
为老人吊唁——→送别   ⎭

18 自 然 之 道

（九年义务教育 S 版六年级上册）

彭　英　　雷崇镇　　陈　瑶

教学设计背景及学情分析

自然万物，有着它自己的生存方式和规律。《自然之道》讲述的是人类因为没有按照自然规律办事导致大量幼龟丧生的故事。通过本课的学习，引导学生保护大自然，探究自然规律，懂得善于从自然之中获得有益的启迪，有效利用大自然为人类造福。

环境教育渗透点

[E] 野生动物保护。

学习目标

1．指导学生有感情地朗读课文，能抓住重点词句理解课文内容。

2．体会文章表达的思想情感，懂得如果不按自然规律办事，往往会得到与我们的意愿相反的结果。我们要尊重自然，做事要遵循自然规律。

3．激发学生探究大自然规律的兴趣。

教学重点

理解课文内容，体会文章表达的思想感情，从中受到做事要遵循自然规律的教育。

教学难点

体会文章通过具体事例来说明道理的表达方法。

教学准备

1．收集有关太平洋绿龟的知识。

2．课外阅读自然科普读物，如《少儿百科全书》《动物百态》《大自然的启示》。

教学过程

一、谈话导入

1．我们常说动物是人类的朋友，人类也以爱护动物为己任。当某类动物种群濒临灭亡，我们人类去拯救；当某个动物受到伤害，我们人类去救治……我们总会骄傲地说，因为人类是动物的朋友，但是大家有没有想过，有时好心为动物做的一切，给它们带来的可能是灾难。这又是为什么呢？

2．板书课题，揭示课题。

"道"是什么意思？（规律）

"自然之道"是什么意思？（大自然的规律）

3．观看视频：

（1）太平洋绿龟的幼龟离巢进入大海的情景。

（2）嘲鹰咬啄幼龟的情景。

4．讨论交流：你从视频中看到了什么？你有什么体会？

二、品味语言，揣摩"自然之道"

1．自由读课文第3自然段，体会幼龟为什么会"探出巢穴""欲出又止""踌躇不前"？从嘲鹰突然"飞、啄、拉"体会嘲鹰的凶狠。

2．看到眼前发生的这一幕，我们和向导的态度有什么不同？自由读课文第4自然段，用横线划出相关的语句。

课件出示：我和同伴紧张地看着眼前的一幕，其中一位焦急地对向导说："你得想想办法啊！"向导却若无其事地答道："叼就叼去吧，自然之道就是这样的。"向导的冷淡招来同伴们一片"不能见死不救"的呼喊。

（1）说说你对向导"叼就叼去吧，自然之道就是这样的"的理解。

（2）小结：向导的话表明他知道幼龟探头被嘲鹰咬啄是自然现象，是太平洋绿龟返回大海时自我保护的手段。这只海龟可能给龟群带回安全的信息，也可能以牺牲换来龟群的安全，这就是自然之道。

3．学习课文第5自然段。

（1）理解"愚不可及"。

（2）讨论：作者为什么说"我们干了一件愚不可及的蠢事"？"愚"在哪儿？

（3）课件出示：向导抱走幼龟不久，成群的幼龟鱼贯而出。我们很快明白：向导干了一件愚不可及的蠢事。因为那只先出来的幼龟，原来是龟群的"侦察兵"，一旦遇到危险，便会返回龟巢，而那只幼龟被向导引向大海后，巢中的幼龟得到错误的信息，以为外面很安全，于是争先恐后地结伴而出。

三、明白后果，指导朗读

1．自由朗读课文的第七、八自然段，找出当我们明白后果后，如何补救的句子，画上横线。

2．尽管我们来回奔跑，尽管我们拼命拯救，但还是给幼龟们带来了很大的伤害，因为此刻的补救显然已经晚了。引读：

天啊！看我们做了些什么——"数十只幼龟已成了嘲鹰、海鸥、鲣鸟的口中之食。"

一只幼龟得救了，无数只幼龟丧生了——看我们做了些什么；

一只嘲鹰飞走了，数十只食肉鸟欢笑了——这就是我们做的蠢事。

过渡：我们的愚不可及造成的结果是可悲的，别看这小小的绿龟，他们也是有着一套躲避危险、防御危险的办法！可这样的办法却被我们给破坏了。这两个自然段里的每个字、每句话、甚至每个标点都跳动着作者那难以言说的痛苦！因为——"我们干了一件愚不可及的蠢事！"

四、再读课文，发挥想象

1．过渡：我们已经认识到自己的愚不可及了，向导呢，何尝不自责呢？向导心里难受极了，他一边走，一边发出悲叹："如果不是我们，这些海龟就不会受到伤害。"

2．指导朗读：

原本无奈的向导现在多了一份悲伤。请读出他无限的悲叹。

3．如果你就是那位向导，老师想采访你，请问：

（1）当时你为什么这样若无其事呢？可为什么你又极不情愿地抱起小龟扔向大海呢？

（2）你既然知道不能这样做，为什么做自己不愿做的事？你为什么不给"我们"解释？

五、回归整体，提升文本

1．大自然气象万千、美丽无比、充满生机，也充满神秘。说说你对这"自然之道"是怎么理解的？

2．要遵循自然之道，要按自然规律办事，否则，就会产生与我们愿望相反的结果。你们接触过违背"自然之道"的事吗？你认为怎样才会不违背"自然之道"呢？

3．小结：违背"自然之道"的故事我们学过不少。例如：《我要的是葫芦》《拔苗助长》《一个小村庄的故事》等讲述的都是同一个道理：自然万物，有着它自己的生存方式和规律，因此在大自然面前，我们人类要想不犯错误，必须要了解自然之道，遵循自然之道。

六、作业布置

课外阅读《少儿百科全书》《动物百态》《大自然的启示》

板书设计

自然之道

遵循　　　　　人　　　　　违背

保护　↘　↙伤害

海龟

19 种 瓜 得 豆

（S版小学语文六年级下册）

陈 瑶 林元蓉 邓运蝉

教学设计背景及学情分析

　　《种瓜得豆》是一篇儿童科普读物，全文结构非常清楚，是典型的说明文体裁。作者用浅显的比喻和通俗易懂的语言，如 "种瓜得豆""大管家""发号施令""搬家" 等，把较为深奥的现代高科技知识很通俗地、有层次地呈现出来。通过从文中获取什么是基因、转基因技术以及转基因技术的应用信息，了解转基因技术给人类生活带来便利的同时，又给生态环境带来了什么影响。感受、理解课文内容，提高理解和运用语言文字的能力。

环境教育渗透点

　　【E2 生物多样性的重要性】；【G2 化肥和农药污染】。

教学目标

　　1．引导学生认真学文，品析语言，学习说明文的表达方法，体会作者的写作技巧，并有感情地朗读课文。

　　2．引导学生利用网络了解转基因技术给人类生活带来的便利及存在的不足。

　　3．指导学习阅读链接《话说基因工程》，感受文章的情趣，激发学生探索合理使用基因工程技术为人类造福的欲望。

教学重点

　　了解作者是怎样介绍转基因技术及其应用的，学会编写阅读提纲。

教学难点

　　结合具体语句，体会文中打比方写法的表达效果。

教学准备

1．预习课文并能读通顺课文，并概括其主要内容。

2．搜集并了解转基因技术及相关知识。

3．CAI 课件。

教学过程

一、检查预学，导入新课

1．听写词语：发号施令、水土不服、供不应求、和平共处。

2．回忆提纲：转基因技术是由谁来"发号施令"的？什么情况下"供不应求"？今天我们一起走入课文——《种瓜得豆》，一起去了解转基因技术及应用。

二、研读"转基因技术"，领悟表达方法

1．认真读课文二~四自然段，思考：基因有什么作用？什么是转基因技术？

2．学生小组交流。

3．指名读第三自然段，了解基因的作用。

（1）CAI 课件展示——计算机描绘的基因结构图。

CAI 课件展示，教师拓展介绍：

什么是基因？什么是转基因？

（2）思考：这个自然段写了什么？基因的作用是什么？

CAI 出示句子：这些基因是每种植物或动物的"大管家"，有的管叶子长得圆还是扁，有的管夹长得长还是短……

抓住省略号挖掘：省略号在这里的作用是什么？它提醒我们：生物的每一细胞里都有许多基因，还可能管什么？指名补充。

（3）小结：一句话，基因的作用就是下命令、发指示——"发号施令"。

问：这个句子用了什么写法？（引出打比方）

问：在说明文中，这样的写法有什么好处？

4．默读第四自然段，画出什么是转基因技术的句子。

（1）学生汇报。

（2）转基因技术也有失败的时候，它在什么情况下会失败呢？

5．领悟表达方法。

课文是用什么方法来介绍这些科学知识的？这样介绍有什么好处？

6．朗读第四自然段，体会课文的语言表达特点。

三、探究"转基因技术的应用",感知写作技巧

1．整体感知五～十自然段的写法。

要求：快速浏览，说说这一部分内容运用了哪些说明方法？请在旁边做上批注。

2．结合提纲，了解应用，学习技巧。

思考：让瓜结出豆并没有什么太大的意义，所以，也不会有科学家做这件事。什么事科学家才觉得有意义呢？同学们，结合提纲，用抓住主要内容进行简单概括的方式，快速找出转基因技术分别应用于哪些方面？

3．引导举例子的说明方法。

问题 1：同学们，转基因技术在农业生产上的应用，作者是运用什么方法来介绍的？（引出举例子并板书）

问题 2：转基因技术除了给农业生产带来巨大便利，它还应用于什么领域？作者又是用了什么方法来具体介绍的？（举例子）

4．拓展激趣。

思考：除了作者举的这些例子，你知道转基因技术还可以应用于哪些方面吗？请举例说明。指名学生拓展汇报，教师展示收集到的图片。

5．小结：不怕棉铃虫的转基因棉花、蓝色的转基因玫瑰、可杀死杂草的转基因大豆、不容易腐烂的转基因西红柿，以及用转基因猪的心脏为人体实施心脏移植手术等，这些转基因新生事物的诞生，无不令人惊叹科学技术的神奇力量，这一神奇技术给我们的生活带来巨大方便之时，又给我们的生态环境带来了什么影响呢？

6．知识拓展：学生汇报课外搜集到的关于转基因作物对生态环境影响分析的相关内容。

四、课堂总结，阅读延伸

1．结合阅读提纲，总结作者是如何一步一步地介绍转基因技术及其应用的。

2．阅读链接，拓展延伸。

总结：学了《种瓜得豆》这篇课文，我们体会到没有做不到的，只有想不到的。正是因为人类有着超乎寻常的想象力与大胆尝试的科学精神，才有了我们今天看到的前所未有的新事物。但是，转基因技术是可以不受限制、任意妄为的吗？课后链接《话说基因工程》中就基因工程是好事还是坏事进行了介绍。请仔细阅读，思考。

（1）自主阅读链接《话说基因工程》。

（2）抓住主要内容，勾画重点段落和语句，写出阅读提纲。

（3）结合收集到的资料，展开想象，举例说说怎样合理使用基因工程技术为人类造福。

板书设计

种瓜得豆

基因　　　　　　动植物"发号施令"　　"大管家"
　　　　　　　（搬）　　　　　　（创造）
转基因技术　→　一种生物的"大管家"　→　另一种生物　→　新生物

20 桃花心木

（人教版课标本六年级下册）

林元蓉　陈　瑶　唐克先

教学设计背景及学情分析

　　《桃花心木》是台湾作家林清玄的一篇议论性散文，课文借种树喻育人，说明在艰苦环境中经受生活考验、克服依赖性，对人的成长有着重要的意义。

　　借物喻人的写法对于六年级的学生并不陌生，他们基本上能够读懂文章所蕴含的道理，文中含义深刻的句子，学生不容易理解，因此需要在反复朗读和结合生活实际的基础上，加深学生对文本的理解。

环境教育渗透点

　　【E4】植树与绿化。

教学目标

　　1．学会6个生字，正确读写"枯萎、依赖、锻炼、优雅"等词语，有感情地朗读课文，读懂课文内容，联系生活实际理解含义深刻的句子，领悟文章所蕴含的道理。

　　2．学习借物喻人的写作方法。

　　3．培养学生自觉种树、护树的环保意识。

教学重点

　　1．有感情地朗读课文，理解种树人特别的育苗方法。

　　2．学习作者借物喻人的写作方法。

教学难点

　　理解含义深刻的句子，体会课文所蕴含的道理。

教学准备

1．多媒体课件。

2．查找林清玄、桃花心木的相关资料。

教学过程

一、交流激趣 质疑引题

（一）揭题：课件展示桃花心木的有关图片。问：这是什么植物？

学生交流搜集的关于桃花心木的资料，加强对桃花心木的了解。（从百度百科查阅知道：桃花心木是一种常绿乔木，高达 25 米以上，树皮淡红色，鳞片状，花白色。原产南美洲，现各热带地区均有栽培，为世界名贵木材之一，是制作高级家具的优质原料。）

问：你知道一棵桃花心木长成有用的木材需要多长时间吗？（学生汇报课前查阅的资料）难怪中国有句古话这样说：

（课件展示）：十年树木，百年树人。

（二）质疑：种树和育人有什么共同点呢？今天我们一起来学习台湾作家林清玄写的散文，（板书课题：桃花心木），相信你们学完课文后对这句话会有更深的理解。

（三）检查预习情况。（课件展示）

1．我会读：同桌分别读，相互纠错，注意读准多音字。

枯萎、锻炼、插秧、基业、一番、考验、优雅、转化、空地、种树
zhuǎn kòng zhòng

2．我会写：学生先观察，发现下列字易写错的部位，全班交流，再写两遍，教师巡视检查。

萎、锻、雅、勃

3．我会查：指名让学生汇报交流查找到的关于林清玄的相关资料。

二、自主学习 整体感知

（一）快速默读课文，思考：课文主要写了一件什么事？

（二）桃花心木是一种怎样的树？请找出文中描写桃花心木外形的语句，有感情地读一读。

1．桃花心木是一种特别的树，树形优美，高大而笔直。

2．现在，窗前的桃花心木苗已经长得与屋顶一般高，它们是那么优雅自在，显示出勃勃生机。（引导学生读出对桃花心木的赞美、喜爱之情。）

三、合作探究 品读感悟

（一）当桃花心木还是小树苗的时候，种树人是怎样培育它们的呢？请同学们自由读读课文，勾画出相关语段。

（二）细读语段，思考：种树人的哪些做法令作者感到奇怪？

1．浇水间隔的时间不规律。

2．浇水的量不一定。

3．浇水的时间不一定。

（三）对于种树人的做法，我的内心感受有什么变化？找出相关语句，有感情地读一读。

（四）面对种树人的奇怪做法，我内心产生了哪些疑惑？这些疑惑是导致种树人奇怪做法的真正原因吗？请在文中找出相关语句说明理由。

1．也许他太懒。

2．也许他太忙。

四、研读文本 探究原因

（一）默读课文 11～13 自然段，种树人的奇怪做法带给我们这么多的疑问，你能从文中找到答案吗？

（课件展示）"我"现在明白了，有的桃花心木苗枯萎也许是因为＿＿＿＿，也许是因为＿＿＿＿＿＿，也许是因为＿＿＿＿＿＿。

（二）汇报交流：

预设：1．因为它没有学会在土地里找到水源。

2．因为它无法在不确定中汲水生长。

3．因为它养成了依赖的心，根浮在地表上，无法深入地下。

五、理解感悟 明白道理

（一）（课件展示重点语句）"不只是树，人也是一样，在不确定中生活的人，能比较经得起生活的考验，会锻炼出一颗独立自主的心。在不确定中，就能学会把很少的养分转化为巨大的能量，努力生长。"

理解：1．树木的"不确定"指的是什么？

2．人的"不确定"又指什么？

（二）种树人看似漫不经心，实则心中有数；看似懒懒散散，实则从从容容。种树人的良苦用心没有白费，因为"种树的人不再来了，桃花心木也不会枯萎了。"

小组合作讨论：

1.桃花心木为什么不会枯萎？

2．"我"从种树人的一番话中悟出了什么道理？

3．假如你家门前也有这样一大片葱郁的树木，你是什么心情？

4．你将怎样来保护这葱郁的树木？

六、领悟写法　想象练说

（一）学到这里，你对"十年树木，百年树人"这句话有了什么新的理解呢？（育人和种树包含着同样的道理——不能依靠别人，要学会独立自主，只不过育人比种树更难。）像课文这样看似写种树，实则谈育人，这就是借物喻人的写法。

（二）结合本课学到的知识想象练说：

1．如果我是一颗茁壮成长的桃花心木，我会自豪地说：＿＿＿＿＿＿＿＿＿。

2．如果我是一颗已经枯萎的桃花心木，我会后悔地说：＿＿＿＿＿＿＿＿＿。

3．如果妈妈要帮我收拾房间，我会恳切地说：＿＿＿＿＿＿＿＿＿＿＿＿。

七、升华教育　推荐阅读

课外阅读《树的故事》和《鲁滨逊漂流记》。

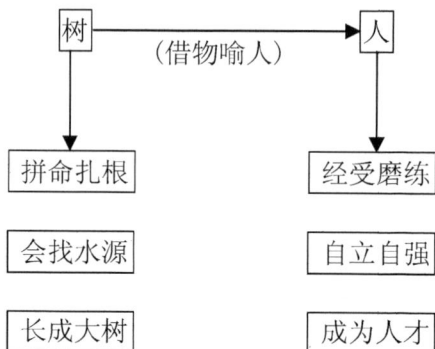

板书设计

桃花心木

树 ——（借物喻人）→ 人

拼命扎根	经受磨练
会找水源	自立自强
长成大树	成为人才

数　　　　学

21 回收废品

（北师大版小学数学一年级下册）

郑家强　唐光琴　黄学先　李友平

教学设计背景及学情分析

比多比少的计算问题，是在学生学习了 100 以内的不进位、不退位的加、减法的基础上进行教学的。教材通过"收集塑料瓶"这一常见的生活情境，让孩子们自主发现问题、提出问题、分析问题，从而解决有关比多比少的实际问题。同时在活动中渗透环境教育，让学生从小事做起，爱护环境、保护环境，减少固体废物的丢弃。

环境教育渗透点

【A3 水污染与治理】；【C1 固体废物危机】。

教学目标

1. 通过解决实际问题，进一步体会加、减法的意义，感受数学与生活的联系，激发学生学习数学的兴趣。

2. 在运算过程中，借助学具的操作，进一步理解和抽象出加减法的意义，并能正确地列式进行计算。

3. 使学生了解到乱扔塑料瓶的危害，教育学生从小树立环保意识，爱护环境、保护环境。

教学重点

能正确计算比多比少的问题，进一步理解加、减法的意义。

教学难点

从实际问题中抽象出数学问题，并初步培养学生提出问题、分析问题和解决问题的能力。

教学准备

课件、数学小棒。

教学过程

一、走进生活，激发解决问题的内需

（一）教师谈话导入：孩子们，在我们的生活中，随处可见这样的场景。（教师用课件出示几组在校园内、街道边随处可见的废弃塑料瓶的情景图）

（二）从图上我们可以看到什么？大家有什么想法？（学生自由发言）

（三）教师引导学生：这种瓶子丢弃在地上会影响环境，埋在地下不容易腐烂，而且会污染水源，影响植物的生长。为了保护环境，有几个小朋友已经行动起来了，我们一起去看看吧！

二、课堂探究

（一）教师出示课本主题图，让学生观察主题图，快乐自主学习。（学生带着以下问题自主学习）

1. 从主题图中，我们都了解到了哪些信息呢？他们为什么要收集这些塑料瓶？（让学生初步认识到保护环境人人有责）

2. 根据这些数学信息，你能提出什么数学问题呢？

3. 该如何解答呢？

（二）小组讨论，快乐互学。

1. 活动一：小红收集了多少个？

每个小组的同学自由交流，可以摆一摆小棒，也可以用画圆圈的方法。（把交流的做法记录下来）

教师预设提问：从小红的话中我们可以知道谁收集的塑料瓶多？求比一个数多几的数用什么方法计算呢？（加法）

板书：13+3=16（个）

2. 活动二：小青收集了多少个？

小组合作：用小棒或者画圆片的方法摆一摆，画一画。小组成员互相说一说，是怎么摆或者怎么画的？

师预设提问：从小青的话中，我们可以知道谁收集的塑料瓶少？求比一个数少几的数用什么方法计算呢？（减法计算）

板书：13-4=9（个）

3. 在计算 13-4 时，我们还可用已学过的一种方法来计算，同学们还记得是

什么吗？谁来试试？（抽生上台板演）

生板书：

$$
\begin{array}{r}
1\ 3 \\
-\quad 4 \\
\hline
9
\end{array}
$$

4．在列竖式时，我们要注意些什么呢？

①相同数位对齐；②从个位算起，当个位不够减，要从十位退"1"当 10，在个位上加 10 再减。

5．师小结：像这样求比一个数多几的数用加法计算；求比一个数少几的数用减法计算。

（三）了解废弃塑料瓶的回收利用。

1．小林、小青和小红刚才收集了那么多废弃的塑料瓶，那收集起来有什么用呢？（生自由发言）

2．师小结：其实回收塑料瓶不仅保护了环境卫生还可以进行回收利用。废物加工工厂可以把废弃的塑料瓶进行再生产，就可以生产出我们生活中需要的各种塑料瓶。在生活中如果看到废塑料瓶，我们应该怎么办呢？（生自由发言）

三、实践应用，快乐讲学

（一）小芳家原来每周要用 24 个塑料袋，为了环保，现在每周比原来少用 9 个，现在小芳家每周用了多少个塑料袋？

板书：24-9=15（个）

（二）捐书问题。

师提示：他们在给希望小学捐书呢，但是好像遇到了什么问题，谁来讲一讲，这道题怎么解答呢？

[可以先拿出 47 根小棒，代表 47 本书，二班捐的书比我们班少 12 本，就再拿走 12 根小棒，用减法计算。列成算式：47-12＝35（本）]

（三）比年龄问题。

学生小组讨论，自己找到数学信息，并根据数学信息提数学问题，加以解答。

四、课堂小结

（一）同学们，通过这节课的学习，对废弃塑料瓶带来的危害有哪些了解呢？计算两位数减一位数的退位减法，需要注意些什么？（生自由发言）

（二）老师希望你们能把今天学到的知识运用到生活中，并告诉你周围的人：保护环境，人人有责。让我们一起行动，共同保护我们美丽的家园！

五、拓展延伸

（一）上网查询资料，在网上了解有关废弃塑料瓶污染水源和环境的相关知识。

（二）环保小先锋：在家长的带领下，收集废弃塑料瓶，比一比，谁收集得最多。和爸爸妈妈说一说对乱扔塑料瓶的看法，我们可以采取哪些行动？

板书设计

回收废品

小红收集了多少个？　　　小青收集了多少个？

13+3=16（个）　　　　　　13−4=9（个）

$$\begin{array}{r} 1\ 3 \\ -\ \ \ 4 \\ \hline 9 \end{array}$$

---

22 数 学 好 玩

（北师大版小学数学二年级上册）

王永梅　田萍英　曾　敏

教学设计背景及学情分析

本次活动是在孩子们认识了人民币和乘法的基础上来进行的。学生可以将家里旧的玩具、图书、工艺品等实行以物易物或出售，从劳动中体会创造价值的乐趣并能减少固体废物垃圾，为保护环境尽自己的一份力量。同时，体会一下数学来自生活，同时又能服务于生活的意义。

环境教育渗透点

[C]固体废物之【C5 为减少固体废物你可以采取的行动】。

教学目标

让孩子们通过切身实践和体验，通过交换或买到低价的东西，培养他们节俭、奉献和自主自立的意识，同时也让他们从劳动中体会到创造价值的乐趣，减少固体废物垃圾，为保护环境尽自己的一份力量。

教学重点

应用所学知识，进行旧物交换或出售。

教学难点

进行旧物交换或出售。

教学准备

搜集家里旧的玩具、图书、工艺品等，准备少量的零钱。

教学过程

一、点明活动任务

孩子们，你们独自买卖过东西吗？今天我们来建立一个班级跳蚤市场。跳蚤市场（flea market）是欧美等西方国家对旧货地摊市场的别称。由一个个地摊摊位组成，市场规模大小不等。出售的商品多是旧货、多余的物品及未曾用过但已过时的东西等，小到衣服上的小装饰物，大到完整的录像机、电视机、洗衣机、旧汽车，一应俱全，应有尽有且价格低廉。这种跳蚤市场不仅发挥了旧物的价值，而且减少了固体废物的垃圾，有利于保护好我们生活的环境。

二、议一议活动情况

质疑：怎样组织这次活动？

1．征集经营者 20 名，其余孩子参与购买或交换。

2．公布活动规则：

（1）可以交换物品，也可现金购买。

（2）不得销售食品、医疗品、刀具等。

（3）不在场地内随意跑动、嬉戏。

（4）保持场地的卫生。

3．划分场地，给旧物标上价格。

三、实践活动（大约 30 分钟）

热闹的交换活动开始了！文明买卖，维持好秩序。

四、全课小结

1．在上面的活动中，你用到了哪些数学知识？你有什么收获和感想？

2．如果再举办这样的活动，你认为哪些方面需要改进？

3．怎样为物品打广告？

4．怎样讨价还价？

5．怎样减少固体废物垃圾？

"你的多余，我的需要。"开展跳蚤市场活动；送给贫困地区的小朋友等，为保护环境尽自己的一份力量。

五、自我评价

在这次活动中，我的表现是：

认真思考问题	☺	😐	☹
能够与同学交流合作	☺	😐	☹
能够正确运用所学知识解决问题	☺	😐	☹

板书设计

数学好玩

跳蚤市场　　　　　　　　固体废物垃圾

23 走进田园

（西师版小学数学二年级上册）

王永梅　田萍英

教学设计背景及学情分析

本课时教材是在学生掌握了表内乘、除法知识的基础上，创设了"走进田园"的实践活动。其目的在于启发学生根据各种活动的内容和情境，提出一些数学问题，并引导学生利用所学的知识加以解决，加深理解表内乘、除法的意义，体会生活中处处都有数学，从而培养学生从实际生活中提出数学问题的能力和应用数学的意识。渗透环境保护意识，确保土壤不受污染，少施化肥和农药，种出绿色的有机蔬菜和水果，让大家吃出健康！

测量菜地的长和宽，由于受条件限制需要动手实践来实地测量，教学时提前让学生实地测量学校篮球场的长和宽。

环境教育渗透点

[G]土壤、化肥和农药之【G1 土壤污染】;【G2 化肥和农药污染】;【G3 有机（生态）农业】。

教学目标

1．感受数学与生活的密切联系，了解数学的价值。

2．让学生在主动学习活动中获得成功，体验学习数学的快乐，激发学习数学的热情。

3．培养学生从情境图中搜集、整理信息并提出问题的能力，感受数学在日常生活中的作用，学会用所学知识解决实际问题。

4．通过本节课的学习，让学生感受到保护环境的重要性。

教学重点

能结合具体的情境进行交流，提出并解决问题。

教学难点

进行情境交流，提出并解决问题。

课前准备

教师：多媒体课件。

学生：走进田园，体验乡村生活，分三个大组：一组调查蔬菜、水果和鲜花的成长过程；一组调查化肥、农药对土壤的影响；一组测量学校篮球场的长和宽。发掘自己感兴趣题材，收集资料（照片、故事等）。

教学设计

一、创设情境，引出课题

孩子们，你们体验过田园生活吗？当我们轻轻地走在乡间的小路上，就会闻到瓜果的芳香；当我们静静地坐在夜晚的池塘边，就会听到青蛙的歌唱；当我们快乐地躺在辽阔的草地上，就会看到成群的牛羊。这节课就让我们一起走进田园（板书），聆听田园的交响乐吧。

二、实践活动

（一）情境引入（出示主题图课件）

1．问题：从图上你们看到了什么？

2．观察、交流汇报。（有的在收卷心菜，有的在拔萝卜，有的在花房前讨论准备买什么花，有的在摘水果，有的在测量菜地的长和宽……）

（二）操作实践，解决问题

实践1：收蔬菜（出示情境图课件）

（1）说一说你发现了什么数学信息？（学生汇报并板书）

小朋友在菜地里收萝卜，每行种8棵，有3行。

求：菜地一共可收多少棵萝卜？

列式：$8 \times 3 = 24$（棵）

答：菜地一共可收24棵萝卜。

有45棵卷心菜，平均每筐需装多少棵？

（隐藏了一个什么条件？）【要放在5个筐里】

列式：$45 \div 5 = 9$（棵）

答：平均每筐需装9棵。

（2）提问：这两题有什么不同？（学生交流）

通过交流让学生明确：

第 1 个问题求的是"几个几相加的和是多少？"用乘法算：

8×3=24（棵）

第 2 个问题求的是"一个数里有几个另一个数"，用除法算：

45÷5=9（棵）

（3）师小结：解题时，要学会认真观察图，找到图中的隐含条件，然后根据图意列式解答。

实践 2：买鲜花（出示情境图课件）

（1）仔细观察，从图上发现了哪些数学信息？

兰花 8 元一盆，菊花 5 元一盆，海棠 6 元一盆，茉莉 7 元一盆。

问题 1：40 元能买几盆菊花呢？

问题 2：买 3 盆兰花要多少元？

（2）学生独立完成，教师巡视指导，再指名学生板演，全班交流。

（3）你还能根据图上的数学信息提出并解决什么数学问题？

实践 3：摘水果（出示情境图课件）

（1）观察交流，从图上你发现了哪些数学信息？

这里有 8 棵橘子树，广柑树的棵数是橘子树的 6 倍。

共摘 8 筐橘子，56 筐广柑。一辆卡车每次能运 8 筐。

（2）根据其中的数学信息，你能提出并解决哪些

数学问题？（学生先独立完成，再小组汇报交流。）

广柑树有多少棵？用乘法算：8×6=48（棵）

每棵橘子树可以收几筐橘子？用除法算：8÷8=1（筐）

收获的广柑筐数是橘子筐数的几倍？用除法算：56÷8=7（筐）

一辆卡车多少次能把这些水果运完？

先算水果的总筐数：8+56=64（筐）

再算需要运的次数：64÷8=8（次）

实践 4：量一量篮球场的长和宽

（1）先估一估，我校篮球场的长大约多少米？宽大约多少米？

（2）讨论：可以用什么工具来测量？测量的方法是什么？测量时，要注意什么？

（3）小组展示：测量篮球场的长和宽。（课件展示课前小组测量时的图片）。

小组汇报：实际测量出的数据结果。

三、我的田园足迹

（1）孩子们，你们能把自己曾经到田园体验的照片配上有趣的经历，给大家

分享吗？

这些美丽的鲜花，可口的蔬菜，美味的水果是怎么种出来的呢？

（2）老师质疑：怎样才能吃到放心的蔬菜和水果呢？（出示受到污染的土壤照片）。

（3）学生交流得出：确保土壤不受污染，少施化肥和农药，种出绿色的有机蔬菜和水果，让大家吃出健康！

四、课堂小结

这节课大家有什么收获呢？归纳：我们可以应用所学的测量长度、乘法和除法的知识，解决生活中的实际问题。热爱生活，保护环境。"谁知盘中餐，粒粒皆辛苦"，养成不浪费的好习惯。

板书设计

走进田园

菜地一共可收多少棵萝卜？	平均每筐需装多少棵？
8×3=24（棵）	45÷5=9（棵）
40 元能买几盆菊花呢？	买 3 盆兰花要多少元？
40÷5=8（盆）	8×3=24（元）

24　读万以内的数

（西师版小学数学二年级下册）

田萍英　王永梅

教学设计背景及学情分析

本课时教学内容是在学生已经认识了万以内数的组成和写法的基础上进行的，即借助计数器来读万以内的数。先利用计数器形象直观地读没有出现 0 的数，再选择几个中间或末尾有 0 的数对照计数器，突出一个数末尾的 0 都不读，而中间有一个 0 或连续两个 0 只读一个 0 的教学难点。最后通过一些对应练习，巩固学生对读数方法的理解和掌握。

根据本课时枯燥无味的特点，在教学万以内数的写法后，就安排了学生调查了解生活中一些万以内的数。教师则联系学生生活经验，查找一些题目中渗透有关树木造纸和水资源运用的知识的例题。这样既帮助学生掌握读数方法，也能让学生在读数过程中了解和认识到能源开发是有限的，增强学生的危机感，培养节约意识。

环境教育渗透点

[A]水资源和[H]能源。

教学目标

1．借助计数器认识万以内数的读法，能正确读出万以内的数，结合具体的数，说出读数的方法。

2．会正确地读数来交流信息，体验数学的价值。

3．通过小组的交流学习，培养学生的合作意识和协作能力。

4．通过对用水量的认识和水资源在不断减少这些现象的了解和探讨，增加对环境知识的了解，从小培养节约资源的意识。

教学重点

读数的方法。

教学难点

正确读中间和末尾有 0 的数。

教学准备

教师准备：PPT 课件，计数器。

学生准备：

1．课前调查了解生活中的一些大数。

2．计数器和数字卡片。

教学过程

一、复习导入

1．引导：同学们，你们在课前找到了哪些万以内的数？

学生自由汇报课前收集的数据资料，可能是一台电视机、冰箱、电脑的价钱，或是爸爸妈妈一个月的工资大约是多少钱等，教师把同学们收集的数据有选择地写在黑板上。

2．观察这些数据，复习数的组成。

学生任选一个数，说说这个数是由几个千、几个百、几个十、几个一组成的。

先小组内讨论，再代表小组在全班交流发言。

教师：这些数有什么共同的特点呢？（数中有 0）这些数你们会读吗？今天我们学习万以内的数的读法。（板书课题：万以内数的读法）

二、互动新授

1．没有 0 的数的读法。

（1）课件出示例 4，读出横线上的数：沙河镇大地小学有学生 315 人，沙河镇中心校有学生 1236 人。

（2）学生读题并理解题意，再告诉你的组员：这一题中要我们读的数有哪些？他们分别是由几个千、几个百、几个十和几个一组成的？

（3）你会在计数器上拨珠表示这两个数吗？

（要求学生先独立拨珠表示，再小组交流）

（4）引导：仔细观察计数器，你能将这两个数读出来吗？

小组内读，再讨论：你是从哪一位读起的，然后依次读了哪个数位上的数，每个数位除了读出上面的数字外，你还读了什么？（课件展示讨论解决的问题）

（5）讨论交流：万以内的数该怎样读？

（6）小结：读数是从高位读起，千位上是几读作几千，百位上是几读作几百，十位上几就读作几十，个位上是几就读作几。

（7）小组合作：你能在计数器上拨出一些类似的数吗？怎样读呢？

2. 创设情境，读中间或末尾有 0 的数。

（1）谜语情景引入：（教师口述谜面）四角方方，又薄又光；可以写字，可以画画；传播知识，传播文化。（打一文化用品）谁能说说这是什么？（纸）那你们知道纸是用什么做的吗？（树木）（师生进行简短交流，让学生知道应该节约用纸）

（2）课件出示改编后的例 5：华英实验学校在"节约减排，低碳生活"活动开展中，六年级 260 名男生一星期共节约用纸 3100 张。

①你会读出横线上的两个数吗？用计数器拨一拨，再读一读，想想这两个数与前面读的数有什么不同？不同的地方要怎样读呢？

学生独立拨珠表示数，尝试读数。

②讨论交流：这两个数该怎样读？末尾有一个 0 或连续几个 0 的该怎么读？（课件展示）

③汇报讨论结果，读出上面的两个数，教师进行板书。

（3）展示：华英实验学校两个月分别缴纳水费 4030 元和 4003 元。

①观察横线上的 4030 这个数，与刚才读的两个数相比，又有哪些不同？

②在计数器上该怎样表示？

③看着计算器，说说这个数的组成，再试着读给你的组员听。

④讨论：刚才我们已经知道，数末尾的 0 都不读，那数中间和末尾都有 0 的，这中间的 0 读不读呢？（小结数中间有一个 0 的读法）

⑤再引导讨论思考得出 4003 这个数的读法，并总结出数的中间有两个 0 时该怎样读。（小结、板书）

（4）读数比赛：读出下列各数（三人小组比比谁读得又对又快）

615　　　5800　　　7004　　　6904　　　2678　　　4360

三、巩固拓展

1. 摆数字卡片，完成教材第 11 页"课堂活动"1、2 题。

2. 拓展练习：仔细阅读下面的几段话，先读出横线上的数，再小组交流你得到了什么启示？

（1）世界水资源严重不足。据统计，全世界有 100 多个国家缺水，其中 40 多个国家严重缺水，不少城市出现了水荒，现在全世界约有 10 亿人得不到充足的饮水供应，每天约有 6000 名至 9500 名儿童因缺乏饮用水而死亡。

（2）资料显示：中国水资源人均占有量只有 2003 立方米，约为世界人均水量的四分之一，排世界第 121 位，是世界 13 个贫水国家之一。

（3）早在 <u>1977</u> 年联合国就召开水会议，向全世界警告：水不久将成为一个深刻的社会危机，他们认为继石油危机之后的下一个危机便是水。把水看成取之不尽，用之不竭的时代已经过去了，把水当成宝贵资源的时代已经到来。

要求学生先自由读，再小组内读和交流，最后再全班交流。通过此题练习读数的同时进行节约用水的环保意识教育。

四、课时小结

1．你会读万以内的数吗？读数时要注意什么？

2．本节课你还增强了那些认识？你有什么办法能节约用水？（引导学生爱惜水资源，节约用水的环保意识）

五、知识延伸

1．收集万以内的数，并与同伴交流其读法和组成。

2．议一议：有的同学认为，我们这里又不缺水，就不需要节约用水，你认为对吗？（学生讨论后发表看法，同时注意对照前面学校两个月的水费问题，进行节约意识的教育）

板书设计

万以内数的读法

315读作：三百一十五
1236读作：一千二百三十六
} 从高位读起，千位上是几，读作几千；百位上是几，读作几百……

260读作：二百六十
3100读作：三千一百
} 末尾的0不读

4030读作：四千零三十
4003读作：四千零三
} 中间有1个0或连续有2个0，只读1个0

25　农村美　祖国美

——学当小记者

（西师版 2014 版小学数学三年级上册）

刘　梅

教学设计背景及学情分析

　　这次活动是在学习了分数的初步认识后的一次综合与实践活动，主要是给学生创设一种学习当记者的初步体验，让学生经历信息采集、利用简单的分数问题编制数学小报、展示交流的过程，初步体验获取信息的途径与方法。同时让学生通过采访调查新农村的建设情况，了解当今农村环境污染的现状及采取的相应措施，从而进行相关的环境渗透教育。

环境教育渗透点

　　[B] 空气【B4 空气污染的防治】；[C] 固体废物之【C1 固体废物危机】；[G] 土壤、化肥和农药之【G2 化肥和农药污染】。

教学目标

　　1．培养初步的收集信息、处理信息的能力，提高应用所学知识解决生活中简单实际问题的能力，进一步感受所学分数的初步认识及其他数学知识与生活的密切联系。

　　2．在评价交流过程中，学会欣赏、分享其他小组的活动成果，从中体会到农村的变化，了解农村环境污染问题，增强环保意识。

　　3．在具体的活动过程中，体会与他人合作的价值，培养初步的合作意识和收集信息、整理信息的能力，获得积极的数学学习情感。

教学重点

　　分工调查农村环境污染源头及处理办法，合作制作数学小报。

教学难点

培养收集有效信息、整理信息的能力，树立环保意识。

教学准备

教师准备：PPT 课件、采访提纲表若干、数学小报示例。

学生准备：采访所需要的笔、照相机等设备，制作小报用的文具、卡纸等。

教学过程

一、引出探究的问题

1．激趣导入

课件播放柴静的《穹顶之下》片段，讲述著名记者与主持人柴静的成长经历和经典纪录片《穹顶之下》。

孩子们看了柴静阿姨的故事和纪录片，你也有了想当记者的愿望吧！这次活动老师就让你实现这一个愿望，让大家都来体验一把当记者的感觉。咱们去农村采访一下。

2．引出活动任务

课件展示农村美丽的居民村、小洋楼和随地燃烧秸秆造成的空气污染、生活用水随意排放、垃圾到处乱放等农村环境问题的图片。

孩子们，刚才大家都看到了，美丽的新农村建设后面有着很多亟待解决的环境问题。让我们一起走进农村，去采访我们的村干部和农民群众，看看农村环境污染源头主要在哪里，他们又准备如何解决，再把收集到的情况办成数学小报。

（设计意图：通过柴静的故事激发学生当小记者收集信息的兴趣，引导学生观察、对比新农村的美丽与环境问题，增强学生的环保意识。）

二、明确探究的目标和任务

1．思考：作为一名小记者，要了解农村的有关情况应该收集哪些信息来办数学小报呢？在采访前要做些什么准备呢？

引导学生：明确采访前要先确定本次采访活动的主题及采访任务。

2．小组讨论制订本次采访的任务及分工，例如：

（1）农村的空气污染源有哪些。

（2）农村的水污染源有哪些。

（3）农药化肥的使用情况。

（4）农村垃圾的处理情况。

3．根据采访任务拟定采访提纲（教师下发采访提纲表）。

采访主题			
采访对象		小记者姓名	
采访记录			
采访的环境问题		来源和处理办法	
1			
2			
3			

（设计意图：把教材上的收集农村各种粮食的种植情况，新村的规划情况等内容，更改为收集农村环境方面的问题，既培养了学生收集信息的能力，又让学生了解到了农村环境污染问题，从而提高环保意识。）

三、自主探索

1．分工收集

小组根据制订的采访提纲携带采访工具到农村相应的部门或农民家中进行采访并做好记录。

2．合作制作

（1）孩子们根据组内制订的采访任务合作完成了采访工作，获得了大量反映农村环境问题的信息，下面我们将这些信息制作成一张张漂亮的小报。我们怎样制作这份小报呢？PPT课件展示几张精美的数学小报，并引导学生进行观察。在这几张数学小报里，你看到了哪些信息呢？

（2）4人小组讨论如何制作小报。学生讨论交流后，师进行总结：

①首先要进行版面设计；

②然后确定一个鲜明的主题；

③还要将收集到的信息及提出的数学问题根据内容及主题确定占整个版面的几分之几，并注意色彩搭配，最后不要忘了写上主办人的名字哟！

（3）小组合作制作数学小报。学生分组合作，制作数学小报。教师巡视指导，发现问题及时给予帮助或提出建议。

（4）展示交流成果。小报制作完成后，教师将各组制作的小报贴在教室后面的展板上，所有同学依次参观。

（设计意图：通过引导学生合作制作数学小报，展示、体会与他人合作的价值，提升孩子的成就感。）

四、总结交流

（1）每组的组长介绍自己调查过程中体会最深的一件事，并介绍自己组小报的亮点。要求至少要用到一个分数。

（2）用投票的方式评出最佳小报，并颁奖。教师从文字、主题设计和排版、小组合作意识等方面进行点评。对做得好的小组提出表扬，对做得不好的小组，指出原因，给出合理的建议。

（3）总结谈话：孩子们，从大家的采访、制作的小报和刚才的谈话中，我们看到了新农村建设的美好版图。随着经济的快速发展农村生产、生活方式发生了很大的改变，但不可否认农村的空气污染、垃圾围村、化肥农药的过度施用、污水横流等环境问题也在不断加剧，这与祖国建设美丽农村的要求很不对称。2015年中央一号文件指出"中国要美，农村必须美"，然而农村环境一旦破坏，再恢复会很难；农村的美一旦消逝，社会经济发展将会遇到前所未有的困难，美丽中国也将只是一个传说。我们现在可以做的就是做好宣传工作，并从身边的小事做起，捡起一片垃圾，少用一个塑料袋等，预防污染，为解决环境污染出一份力。农村美了，祖国将更加美丽！

板书设计

综合与实践 学当小记者

选择任务

分工收集

合作制作

评比交流

26 让我们的校园更美丽

——长方形和正方形面积的计算

（西师版（2015年）小学数学三年级下册）
杨德聪　王　彦

教学设计背景及学情分析

本课时是在学生知道了面积的含义，初步认识了面积单位，学会直接计量长方形和正方形面积计算方法的基础之上进行的教学。本课时是为了还原数学知识的生活原型，巩固长方形和正方形面积的计算方法；更主要的是根据学校"创建绿色学校、生态学校"的主题的实际情况，让学生主动参与美化校园的设计，培养学生的操作能力和应用意识，确立环境保护意识而进行的改编式教学。

环境教育渗透点

[K]创建绿色学校、生态学校是这节课的主题，确立环境保护意识是这节课的主要目的。

[E]生物多样性中的植树与绿化是小学生力所能及的事情，孩子可以人人参与。

[B]空气污染会危害人类的健康，让学生有所了解，增强防范意识。

教学目的

1．让学生参与自主设计"美化校园"的活动，巩固长方形、正方形面积的计算方法。

2．经历解决问题的过程，让学生掌握解决问题的多种策略，提高解决问题的能力。

3．让学生用多种形式呈现数学知识，体会数学与生活的紧密联系，培养学生学习数学的兴趣。

教学重点

1．灵活地选择正确的方法求出长方形和正方形的面积。

2．树立环保意识，让学生从小事做起来保护环境，美化环境。

教学难点

解决问题方法多样性的探讨，有效地发展学生的创造性思维和空间观念。

教学准备

1．学生课前准备：搜集美化环境和净化空气的相关知识。想想美化校园的金点子，并设计相关图案。

2．教师准备 PPT 课件。

教学过程

一、走进生活，激发解决问题的内需

1．教师谈话导入：学校为了迎接省级教育督导评估，学校动员全体师生着力创造一个美丽的校园。同学们，你们有什么金点子吗？

（设计意图："兴趣是最好的老师"，创设与学生联系紧密的、符合学生特点的生活情景，让学生感受到现实生活中处处有数学，从而激发学生学习数学的热情。让学生意识到自己是学校的小主人，培养学生的集体主义感。）

2．教材和学生的金点子随机生成教学内容。

从而引出课题：长方形和正方形面积的计算。

二、新授例题

金点子 1：用盆花装点校园。

教学例一：华英学校进门处有一块长 20 米的空坝（如图，多媒体展示）。让种植花草的叔叔阿姨摆放盆花。盆花带中间放 2 米宽的紫色盆花，其余放粉色的花，左边是正方形，右边是长方形。

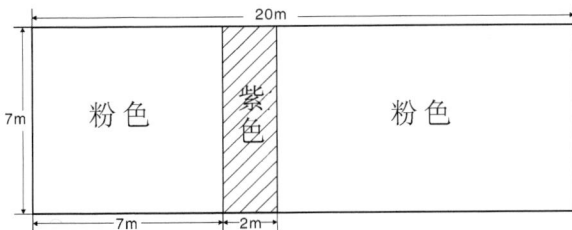

质疑：为什么想到用多种生物装点我们的校园呢？

解惑：多种生物不仅可以给我们带来视觉上的美感，愉悦心情，也能净化空气。同学们，要全面了解生物多样性的好处，可以上网查阅资料。

师：谢谢这位热心的同学。这些盆花怎样放，放多大的面积更好看呢？大家一起来算一算吧！

自主思考：

问题（1）紫色盆花带面积是多少平方米？

引导学生找出相应的长和宽，长是 7 米，宽是 2 米。

鼓励学生自主完成，并提示学生带好正确的面积单位。

小组合作学习：

问题（2）粉色盆花带面积是多少平方米？

教师组织学生分小组动手操作，根据操作的过程，思考解决问题的方法。

学生充分利用准备好的彩色笔在长方形纸板上按课件示意图利用画一画、剪一剪、拼一拼等方式，先独立思考算式，然后再在小组内大胆的交流自己的计算方法。

（设计意图：让学生经历动手操作的过程，用实践证明自己的猜想，让所有的学生充分体验学习的快乐。）

全班展学交流：

学生可能会提供以下几种思考：

①大长方形的面积－小长方形（紫色盆花带）的面积：

$$20×7-7×2=126（平方米）$$

②左正方形的面积+右长方形的面积：

$$7×7+（20-7-2）×7=126（平方米）$$

在这里要让学生说明每一步计算表示的意义。

③将正方形平移与长方形拼接成一个大的长方形

$$（20-2）×7=126（平方米）$$

师：孩子，为什么想到把它们拼接起来呢？

生：因为这两个平面图形有一组边是同样长的，所以拼接起来计算会更简单。

（设计意图：用具体、形象的操作引导学生的思维，丰富学生思维的内涵。）

教师小结：三种不同的算式代表三种解决问题的不同思路。由此可见一题可以有很多种解决方法。我们要善于去思考，善于发现，善于借鉴，在相互学习的过程中增长见识。

（设计意图：对学生的方法进行归纳整理，可以有效地帮助学生建构知识模型。）

自主运用知识并解答：

问题（3）如果每一平方米盆花带要 20 元，这些花一共要多少元？

教师抛出几个思考的问题：

①"每一平方米盆花带要 20 元"这句话告诉我们一个什么信息？

②要求总价，除了需要知道单价以外，还必须知道什么？

学生思考后回答：

①"每一平方米盆花带要 20 元"告诉我们的是盆花带的单价。

②要求总价除了需要知道单价以外，还必须知道盆花带的面积（数量）。

根据"总价=单价×数量"这个关系式让每个学生独立列出算式：

$$20×7×20=2800（元）$$

金点子 2：粉刷教室的墙壁，让它更洁净。

刷墙壁的目的是让整个校园更洁净，但是选择环保的涂料更是首先值得思考的问题，不能让劣质涂料污染我们的空气、危害我们的健康。具体的可以百度一下哟！

教学例二：教室前面的墙壁长 6 米，宽 3 米。墙上有一块黑板面积是 3 平方米。现在要粉刷这面墙，需要粉刷的面积是多少平方米？

学生讲学分析题目：

生讲：要粉刷这面墙壁，首先要根据实际考虑到黑板是不需要刷白的，所以粉刷的面积=整块墙面面积－黑板的面积。

让学生独立思考列式 $6×3－3＝15（平方米）$

教师小结：现实生活中有很多关于面积的问题，有时要根据实际情况进行分析，不能盲目地导用公式。

三、提炼生活现象，巩固新知

1．独立完成教材第 54 页 1、2、4 题。

2．完成教材第 59 页 9 题。

这片树林每日大约能制造多少千克氧气？

1 平方米的树林每日大约制造氧气 3 千克	这片树林长 40 米，宽 20 米

（设计意图：教师有意识地选择这道有关环保的题目，是为了更好地渗透环保知识，让学生了解除了在特殊需要时美化环境，更重要的是在于平时多种树木，不要乱砍树木，因为树木是天然的氧气制造厂，具体的数字更能够让学生理解环保的重要性。所以，爱护花草树木是每一个人的责任。）

要解决这道题必须知道树林的面积，再根据"总产量=单产量×数量"这一关系式列出算式。

$$40×20=800（平方米）$$
$$3×800=2400（千克）$$

3．调查美化环境、净化空气的方法，做好记录，并做成小报在板报上张贴。

（设计意图：用不同的形式呈现数学知识与生活的紧密联系，让学生体验作业多样性的兴趣。）

四、总结

同学们，通过这节课的学习，你掌握了哪些数学知识？环保方面你又多了解了哪些知识，今后你会怎么做？可以把你的想法写成数学日记哟！

教师总结：美化我们校园的方法有很多，最重要的是要爱护好我们拥有的一切，让我们的校园成为每一个华英学子的美好家园。爱护好我们的小家，也就爱护了人类居住的大家——地球。

板 书 设 计

长方形和正方形面积的计算

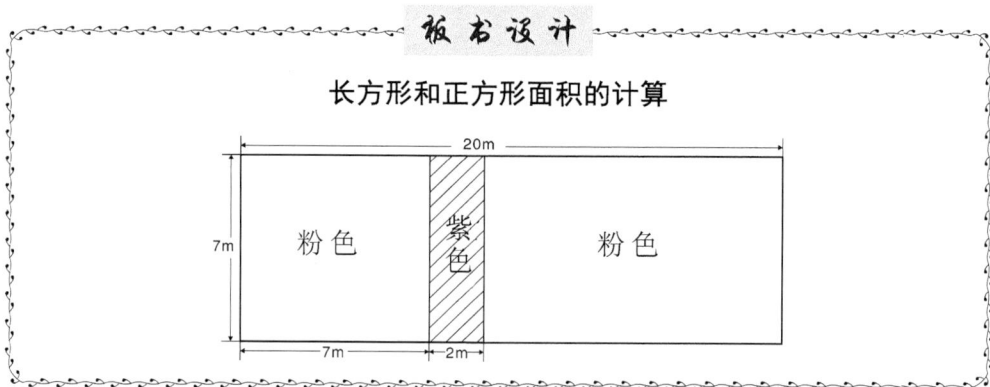

例一：

〈方法一〉

大长方形面积-小长方形面积=粉色盆花带面积

$$20 \times 7 - 7 \times 2 = 126（平方米）$$

〈方法二〉

左正方形面积+右长方形面积=粉色盆花带面积

$$7 \times 7 + (20 - 7 - 2) \times 7 = 126（平方米）$$

〈方法三〉

正方形+长方形拼接成一个大长方形=粉色盆花带面积

$$(20 - 2) \times 7 = 126（平方米）$$

答：粉色盆花带面积为 126 平方米。

例二：$6 \times 3 - 3 = 15$（平方米）

答：需要粉刷的面积是 15 平方米。

27 惊人的危害

（西师版小学数学四年级上册）

杨永红　钟小平　陈　葵

教学设计背景及学情分析

本课以环保为主题，收集了我国生活垃圾产生量、2010 年全国污水排放及处理情况、工业固体危险废物产出量、2010 年全国烟尘排放情况、汽车尾气排放标准 5 个方面的相关数据，呈现了生活环境和自然环境的污染状况，引导学生通过计算和交流去认识和了解这些污染对环境和人类造成的惊人危害。同时，也让学生了解我国政府对环保的重视和付出的巨大的经济代价。在此基础上，让学生进行反思与交流，增强学生的环保意识，从而让学生把这种环保意识转化为爱护环境、保护环境的具体行为。

环境教育渗透点

【C1 固体废物危机】；【A3 水污染与治理】；【C5 为减少固体废物你可以采取的行动】。

教学目标

1. 通过数据的搜集、整理、分析让学生明白污水的排放、垃圾的产生给我们的生活带来了惊人的危害。

2. 学生通过上网收集水污染和垃圾污染等资料，培养学生的自学能力。

3. 通过对计算污水处理和垃圾处理的费用，提高学生对环境保护重要性的认识。

教学重点

通过调查、交流、计算，学会综合运用所学知识解决身边的数学问题，感受环境污染的危害。

教学难点

1. 培养学生搜集、整理信息的能力。

2．培养学生提出并解决问题的能力。

课前准备

1．教师精心设计课前调查记录表。

2．课前安排学生调查、了解自己周围的环境状况，并完成记录表。

3．教师准备 PPT，学生准备计算器。

教学过程

一、情景引入

1．课件展示污水排放、生活垃圾、工业固体危险废物等图片。

2．交流展示课前调查成果。

同学们，环境与我们的生活极为密切，与我们的生存息息相关。你们都亲自去调查了周围的环境状况，谁愿意先与大家一起交流一下？

（1）小组汇报，根据课前调查记录表进行交流汇报。

（2）再次观看课件，展示学校附近的一个工厂，了解它的污水、废气排放情况。

（3）观察公路上的汽车尾气排放情况。

3．全班讨论：

（1）调查、了解：你的周围哪些地方存在环境污染？

（2）你估计是什么原因造成的污染？

（3）你了解到本地区的水、空气质量怎么样？

二、惊人的数据

通过刚才的交流，同学已经初步感受到了身边的环境污染问题，下面我们将通过计算切实感受它的危害。

（一）生活垃圾污染

教师 PPT 出示相应数据（表1）：

表1　我国生活垃圾产生量

年份	2007	2008
产生量（万吨）	15215	15348

垃圾焚烧处理每吨需成本费 150 元。

1．从上表你了解到了哪些信息？

2．提出问题：照这样的增长速度，2016 年我国要产生生活垃圾多少万吨？

3．解决问题。学生独立解决问题，教师适当提示，允许学生用计算器进行计算。

$$（15348-15215）×（2016-2004）+15215=16811（万吨）$$

4．感受：16811 万吨的垃圾有多少？估计一下能堆多高？

5．进一步提问：垃圾焚烧处理每吨需成本费 150 元，那 2016 年产生的这些垃圾处理费需要多少元？

6．学生计算：

$$16811×150=2521650（万元）≈250（亿元）$$

7．讨论交流：250 亿元说明了什么？你有何感想？

（二）关于污水处理问题

在生活中，除了垃圾给我们带来了这么大的环境污染和经济损失外，还有哪些环境污染呢？

出示 PPT（表 2）：

表 2　2010 年全国污水排放及处理情况

污水排放（万吨/日）	污水处理（万吨/日）
16900	12500

处理 1 吨污水需要成本费 2 元。

1．理解题意。

2．计算：

（1）2010 年一年全国排放的污水大约有多少万吨？

（2）2010 年污水处理费大约是多少亿元？

3．学生独立解决问题，交流数据。

$$16900×365=6168500≈600 万（万吨）$$

$$125000000×365×2=91250000000（元）≈913（亿元）$$

4．根据这一数据你想到了什么？

（三）自学工业固体危险废物产生量、汽车尾气排放和烟尘排放问题

PPT 出示相应数据（表 3～表 5）：

表 3　工业固体危险废物产生量

年份	2000	2001	2002	2003	2004	2005
产生量（万吨）	830	952	1001	1170	995	1162

表4　汽车尾气排放标准

年份	目前	2008	2012	2020
排放标（g/km）	163	140	120	95

表5　2005年全国烟尘排放情况

烟尘排放总量（万吨）	其中工业烟尘排放量（万吨）
1183	949

1．将全班同学分为3个大组。

2．每组分别负责一种污染源的数据计算。

3．根据数据计算的结果，在本小组内讨论交流自己的感受。

4．小组汇报展示研究结果。

教师板书相应数据：

工业废物——每年增加66万吨

汽车尾气——每辆每天排放33千克

烟尘排放——每天约排放2.6万吨

三、深化认识

1．面对这一组组的惊人数据，你有什么感想？

2．了解我国在环保上有哪些措施？

3．说说我们应该怎样保护环境？

四、课堂总结

通过这节综合实践课的学习，你想到了什么？在交流中让学生进一步认识环境污染给人类造成的危害，教育学生从自己做起、从小事做起，节约资源，共同保护我们的家园。

五、课后作业

统计自己家中1周大约产生多少千克的生活垃圾？并计算1年大约产生多少千克的生活垃圾？

板书设计

惊人的危害

环境污染
↓
保护环境

①生活垃圾　每年产生16811万吨
　　　　　　垃圾焚烧处理需250亿元
②污水排放　每年600亿吨
　　　　　　污水处理需913亿元
③工业废物　每年增加66万吨
④汽车尾气　每辆每天排放33千克
⑤烟尘排放　每天约排放2.6万吨

28 三峡工程中的大数

（西师版小学数学四年级上册）

钟小平　舒天文　陈　葵

教学设计背景及学情分析

　　《三峡工程中的大数》是在学生已经掌握了较大数（上亿的数）、具备了基本的统计知识，以及具备了收集、分析、处理信息的能力基础上进行的教学。教材把它放到了"综合与实践"这一版块，是想让学生把已有的知识经验和技能运用到生活中来。在运用的过程中，不仅感受到统计的价值，而且能体验这些较大的数字背后隐藏的环境危机；通过本部分的学习可以增强学生的环境保护意识并在活动中培养从小爱护环境、建设家园的积极情感。

　　本内容可分为三大部分教学：第一部分，主要是让学生感受到环境保护的紧迫性，并有针对性的根据教材内容选择"三峡库区"进行生态环境的调查。第二部分，主要是由学生课后收集信息、翻阅资料，了解"三峡库区"现在的生态环境状况。第三部分，主要是培养学生爱护和保护环境的意识。通过展示交流搜集到的信息，说说作为小学生能为周围的环境做些什么力所能及的事情。

环境教育渗透点

　　【A3 水污染与治理】；【C1 固体废物危机】。

教学目标

　　1. 通过综合与实践活动，培养学生收集和处理信息的能力，以及运用所学知识解决生活问题的能力。

　　2. 通过交流与学习，让学生了解三峡库区生态环境的情况，增加水环境保护、植物保护等相关知识的了解。

　　3. 通过讨论与活动让学生明白应如何保护身边的水土资源，培养学生爱护和保护环境的意识。

→ 教学重点

让学生进一步体会保护生态环境的必要性与迫切性。

→ 教学难点

引导学生认识保护环境的具体表现。

→ 教学准备

有关三峡库区的一些图片资料、上网查找关于三峡库区的相关知识。

→ 教学过程

一、谈话、交流，让学生认识环境保护的重要性

1. 你的身边有哪些地方又脏、又臭或是尘土飞扬，让你不想靠近？

2. 在假期里，如果有条件出游的话，你最向往到一个具体什么样的环境的地方去？为什么？

3. 请参加了"学校城乡环境综合整治"的周末义务劳动队的队员，结合你走上大街、社区后看到的各种环境现象，谈谈心理的感受。

二、"三峡库区"风景图片展示

1. 美吗？想更近一步走近"三峡库区"去了解它、认识它的美吗？

2. 如果你是一个"三峡库区生态环境保护调查员"，你最想了解关于三峡库区生态环境的哪些内容？

例如：某年三峡库区排放污水的吨数，生活垃圾，工业固体废料，库区的平均降水，平均气温，退耕还林的公顷数，动植物种类数，现已建成的污水处理厂有几座等情况。

三、分组确定，调查内容

1. 库区内污染情况。

2. 退耕还林情况。

3. 气候情况。

4. 库区内动植物种类及生长情况。

…………

四、寻求调查的途径

1. 各组讨论该怎样去调查获得有关的信息。

2．师生共同讨论得出调查参考途径：三峡网站、环保网站；有关三峡的书和报刊。

方式：查阅文献、走访专家等。

五、收集材料，分析研究，从数字上感受三峡库区受污染的程度

1．各个小组把收集的资料汇总。

2．认识、分析研究这些资料。

通过展示相关图片和数据，让学生明白"保护环境"是我们每一个人的义务和责任。

六、老师对此次综合调查活动总结

孩子们，今天我们只是认识到了保护"三峡库区的生态环境"的重要性，而事实上，我们人类正面临着很多环境恶劣的状况。现在云南等地正面临百年不遇的干旱、台湾却在遭遇五十年不遇的水灾、新疆又面临雪灾，不断变化的天气已经向我们提出了"预警"。我们"只有一个地球"，让我们行动起来，从我做起，从身边的小事做起，让我们拥有一个美丽的生态大家园。

七、布置作业

成果展示：

1．各组展示收集的文字、图片、照片、表格等。

2．做成手抄报，举办"三峡库区生态环境"展览。

板书设计

三峡库区生态环境调查

调查内容	相关数据
每年排放污水情况	
固体垃圾数量	
动植物种类	

29　家庭用电调查

（西师版数学五年级上册）

兰正芬　杨永红　杨　丽

教学设计背景及学情分析

《家庭用电调查》是在学生已经掌握了小数乘法知识的基础上进行教学的，教材把它放到了"综合与实践"这一版块，是想让学生用已学的知识来解决现实生活中的问题，让学生体会所学知识的价值。选择"家庭用电调查"来作为活动题目，一是因为实践性强，几乎每家每户都涉及用电和交电费的问题，都可以用这个题材来开展活动。二是在活动中要广泛应用到小数乘法的知识。三是通过一个小活动可以让学生关注节约能源的问题，可见它很有意义。

环境教育渗透点

[H]培养学生节约用电、用水的节能意识。

教学目标

1．通过调查、实践操作、运算、推理等数学活动，培养学生运用数学知识综合解决问题的能力。

2．在解决问题的过程中，培养学生勤俭节约的良好习惯，使学生懂得如何爱护环境、珍惜资源。

教学重点

收集、整理数据，运用小数乘法知识解决电量计算的问题。

教学难点

能对调查结果反映的信息进行准确地计算、分析和比较。

教学准备

教师准备课件；学生带计算器，课前查电表，上网查节约用电的方法。

教学过程

课前交流：和学生一起观看发电图片。（火力发电图片，风力发电图片，核能发电图片）

一、调查了解

1. 创设情境，引出课题。

师：孩子们，大家都知道电与我们的生活息息相关，它改变并丰富了我们的生活。想想，在实际生活中，到底哪些地方用到了电，说一说家中都有哪些电器？哪种电器的用电量大，哪种电器的用电量小？

（1）小组交流，同桌之间相互说一说。

（2）师：是啊！电给我们带来了丰富多彩的生活，今天我们就一起来调查每个家庭的用电情况（板书：家庭用电调查）

2. 小组内汇报课前调查的结果。

（1）电量的计量是用度来表示的，以度为单位，1 度电是 1KWh（1 千瓦小时），就是 1 千瓦的电器工作 1 小时的电量。

（2）本月自家用电多少度？

（3）每度电的单价是多少？

（4）算一算，本月自己家缴纳多少电费？

3. 小组代表汇报调查结果。

二、计算比较

抽取一个小组的调查结果作为标本。

（1）算一算每个小组中家庭的平均用电量和平均电费？

（2）算一算我们班所有同学家一个月的用电总量大约是多少？一共付多少电费？

（3）估一估：我们学校所有学生的家庭（大约有 3000 个家庭）一年的用电总量和电费？

（4）如果每个人节约 1 度电，那么全国（13 亿人）能节约多少度电？如果我们把电的成本看成每度 0.50 元，那么每人节约一度电，全国 13 亿人节约了多少钱？（学生用计算器算一算）

师：是啊！一个多么惊人的数字！6.5 亿人民币。如果我们学校价值 2000 万元的话，相当于要建 30 多个华英小学。

三、出谋划策

1．增强能源意识，启发学生节约用电。

结合全校学生家庭用电总量，教师介绍全国部分用电紧张的地区。

师：孩子们，目前我们国家还有很多地方存在用电问题，如北京、上海、广州等发达地区用电量大，用电紧张；云南、贵州、西藏等边远山区用电难。

2．对于用电紧张的问题，你有感觉吗？（生谈感受）

师：所以，如果我们节约一度电就会给用电紧张的地区多送一度电。

3．你有哪些节约用电的好方法？生汇报。

生1：家用电器不要让它长时间处于待机状态，一方面浪费电，另一方面会减短家用电器的使用寿命，如电视机、音响、空调、微波炉等。

生2：空调调到适宜的温度，夏天过低或冬天过暖都会费电。

生3：电热水器的温度尽量控制在适度，冬天高一些，夏天可以调节低一些，这样可以省点。

生4：减少开关电冰箱的次数和每次打开的时间，最关键的是要合理摆设冰箱内的食物，不要摆得过于拥挤，也不要过于空，那样也会浪费电。

生5：在不使用电脑的时候就关掉，同时关掉显示器。

…………

师：看来，我们真不能小瞧了"节约一度电"（板书）。

节约从点点滴滴做起，你还能谈一些用电常识吗？

师：是啊！节约是多么的重要，我们要从小养成勤俭节约的好习惯，必须从我做起，从节约每一度电做起。同时，还要学会安全用电。

四、节电实践

（1）按照同学们讨论节约用电的方法实施，看看谁家节约用电的效果最好。

（2）用同样的方法调查用水的情况，并向同学们介绍节约用水的好方法。

板书设计

家庭用电调查

姓名	本月用电量（千瓦时）	单价（元/千瓦时）	本月应付电费（元）

30 一年"吃掉"多少森林

（西师版小学数学五年级下册）

杨永红　王志先　赖邦芬

教学设计背景及学情分析

本课是以节约和环保为主题的综合实践活动。在综合应用长方体、正方体体积计算的基础上，复习和应用整数、小数计算的相关知识，通过调查、计算一年能够"吃掉"多少森林的活动，使学生体会节约的意义和环保的价值。

环境教育渗透点

1.【C3 源削减消费者和生产者的共同选择】；

【C5 呼吁大家为减少固体废物从我做起，自觉拒绝一次性用品】。

2.【H1 能源危机】；【H3 可再生能源】。

3.【E4 植树与绿化】。

教学目标

1. 通过测算一年"吃掉"多少森林，进一步巩固物体体积的测量计算方法，以及整数、小数计算的相关知识。

2. 经历调查数据、处理信息、反思结论等活动，培养学生综合运用所学知识解决生活中实际问题的能力。

3. 通过实践活动，体会一次性用品给环境带来的巨大危害，能拒绝一次性用品，自觉使用对环境有利且能循环的资源，要与大自然和谐相处，增强环保意识。

教学重点

运用整数、小数计算的相关知识，测算一年"吃掉"多少森林。

教学难点

通过调查、交流、计算，培养学生综合运用所学知识解决身边的数学问题的能力。

教学准备

1. 学生课前查阅资料：有关环保、节约、一次性筷子生产材料、松木种植与生长、土地与森林等相关的材料。

2. 教师准备 PPT 课件。

教学过程

一、创设情景

视频：动画片《熊出没》片段：熊大、熊二极力阻止光头强砍伐树木，努力在保护森林。

课件出示标语"保护森林，熊熊有责！"

提问：你喜欢这部动画片吗？看了刚才的片段你有什么感想？

二、预学展示

同学们，环境与我们的生活极为密切，就连熊大、熊二都知道"保护森林，熊熊有责！"那我们人类又是如何做的呢？通过课前调查你都了解到了哪些相关的知识呢？

在小组中交流自己收集的有关资料和数据，并进行小组汇报。

通过交流这些信息你有什么话想说？

三、课堂实践活动

（一）情景与信息

出示主题图，你从上面了解到哪些信息？我们需要解决哪些问题？

（二）小组合作，设计解决问题的方案

1. 计算 14 亿双筷子的体积是多少？

（1）小组讨论计算 14 亿双筷子的体积的方法：

方法一：1 双筷子的体积×1400000000

方法二：10 双筷子的体积×140000000

（2）怎样测量 1 双筷子或 10 双筷子的体积呢？

提示：运用体积测量、计算的方法。

用排水法：将 10 双筷子放入盛满水的容器内，溢出的水的体积就可以看作是筷子的体积。

（3）运用课本上给出的数据，尝试进行计算。

$$16÷10×1400000000 \qquad 或 \qquad 16×（1400000000÷10）$$
$$=1.6×1400000000 \qquad\qquad =16×140000000$$
$$=2240000000（立方厘米）\qquad =2240000000（立方厘米）$$

＝2240（立方米）   ＝2240（立方米）

2．如果按 14 亿人口每人每年用 1 双一次性筷子计算，一年大约"吃掉"多少棵松树？

要解决这个问题，需要选取哪些相关的条件呢？学生分小组讨论解决。

14 亿双筷子的体积是 2240 立方米。

每棵成材松树可用作筷子的体积大约是 0.08 立方米。

$$2240 \div 0.08 = 28000（棵）$$

3．"吃掉"的这些松树大约占地多少公顷？

每公顷地大约有 1000 棵成材松树。

$$28000 \div 1000 = 28（公顷）$$

4．感受 28 公顷有多大？

我们华英校园占地面积大约 1.4 公顷，我们一年吃掉的松树大约可以种满 20 个华英校园。

四、整理与分析

1. 刚才我们计算的数据，是按照我们每年每人只使用一双一次性筷子来算的。而实际上，我们每年每人何止使用一双一次性筷子，大家可以推算一下我们一年要毁掉多少的树啊！

2．"一棵松树成材大约需要多少年？"（课前已调查）

松木种植的地方少，生长周期长，可以用来做筷子的木料更少。松树要长成材，根据生长环境的不同，有一定差异，一般要 15 年以上。

3．一棵松树成材大约需要 15 年，那我们"吃掉"的这些森林要多久才能长起来啊！

照这样下去，不久的将来，我们将再也看不到森林。地球如果失去了绿色的保护，土地就会沙漠化，我们也将会失去生存的空间。

4．通过刚才的整理分析，你有什么样的感受与想法？

使用一次性筷子造成如此大的浪费，我们每个人都应该行动起来，拒绝使用一次性筷子。只有这样，才能保护好我们的森林资源，使我们共有的地球环境更加美好，让地球上的每一个人都能呼吸到干净、清新的空气。

五、启示与反思

1．生活中，我们使用的一次性用品除了筷子，还有哪些？

一次性饭盒、纸杯、塑料袋；宾馆用的一次性牙刷、牙膏、梳子、毛巾、浴帽、纸巾；一次性医疗用品等。

2．这些一次性用品，对环境有什么危害呢？

（1）一次性用品被到处乱扔影响市容市貌；堆积后成为固体垃圾，一些垃圾焚烧后产生的废气严重污染空气，埋于地下的一些垃圾污染土地、水源。

（2）制作这些一次性用品，需要消耗大量的能源，特别是森林、树木，造成大量的树木被砍伐，严重影响生态环境。

3．一次性用品对坏境有这么大危害，为什么人们还要使用它？（方便、卫生）

4．我们使用它，主要是因为它方便，但它真的卫生吗？

结合生活中的及媒体报道的一次性餐具的卫生状况等，谈谈自己的想法。

六、课堂总结

通过这节综合实践课，你有什么收获？在交流中让学生进一步认识一次性用品给人类造成的危害，教育学生从自己做起、从小事做起，节约资源，共同保护我们的家园。

七、课后作业

以小组为单位，选取身边的一种一次性用品，参照今天学习的数据测量、计算、分析的方法，向身边的人证实一次性用品的危害。

板书设计

一年"吃掉"多少森林

14亿双筷子的体积：

$16 \div 10 \times 1400000000$

$= 1.6 \times 1400000000$

$= 2240000000$（立方厘米）

$= 2240$（立方米）

"吃掉"的松树棵数：$2240 \div 0.08 = 28000$（棵）

"吃掉"的松树的占地面积：$28000 \div 1000 = 28$（公顷）

节约　环保

↓

拒绝使用一次性用品

31 复式折线统计图

（北师大版小学数学五年级下册）

杨永红　兰正芬

教学设计背景及学情分析

这节课的内容是在学生学习了单式折线统计图和复式条形统计图的基础上教学的。通过对复式折线统计图的学习，让学生知道单式折线统计图的局限性，体会复式折线统计图的优势和功能。通过对复式折线统计图中两条折线升降的分析，学会对数据进行合理的预测，同时在对教材提供的南北温度变化及全球气候变化等素材进行分析的过程中，体会气候变暖对环境的重大影响。

环境教育渗透点

1．【J2 气候变化的原因及影响】；【J4 低碳生活】。

2．【B2 大气的主要污染源和污染物】。

3．【I1 现代交通工具的能耗与污染】；【I3】绿色出行。

教学目标

1．通过观察、对比、分析、合作交流等方法，使学生明确折线统计图的特点和作用，进一步体会复式折线统计图的优越性。

2．学会制作复式折线统计图，并能根据统计图中提供的信息进行简单的分折，学会对数据进行合理的预测，进一步渗透统计思想，认识统计的意义和作用。

3．使学生在学习统计知识的同时，感受数学与生活的联系，体会气候变暖对环境的重大影响。

教学重点

认识复式折线统计图的特点和作用，会进行简单的制作。

教学难点

能对统计图反映的信息进行准确地分析、比较和判断。

教学准备

1．学生课前查阅资料：有关气候变化及其影响的相关材料。
2．教师准备 PPT 课件。

教学过程

一、情境引入

课件出示中国地图：

1．教师谈话引入：我国最南端的位置在南沙群岛的曾母暗沙，最北的位置在漠河县，南北两地不只是地域相差甚远，两地的气温也相差很大。课件出示两地2011 年 4 月 7～10 日的最高气温统计表。

2．提问：如果想要知道这两个地方最高气温的变化情况，该怎么办呢？
（绘制成折线统计图，因为折线统计图很容易看出数量的增减变化的情况）

3．课件分别出示两地 4 月 7～10 日的最高气温折线统计图。
如果要对比这两地温度的变化情况可以怎么做呢？
（将两张图合并在一起）
引出课题，板书：复式折线统计图。

二、复式折线统计图的特点

出示两地 2011 年 4 月 7～10 日的最高气温统计图（复式折线统计图）。

1．复式折线统计图与前面所学的单式折线统计图有什么不同？
2．复式折线统计图的优越性在哪里？
3．介绍图例：两条不同的折线，分别表示曾母暗沙和漠河的最高气温走势，标注在统计图的右上角，这个是图例。

三、小组合作分析数据

1．从折线图中，你能获取哪些数学信息？
2．小组讨论交流：
（1）两地哪一天的最高气温相差最大？相差多少？
（2）两地最高气温相差 25℃的是哪一天？
（3）曾母暗沙和漠河的最高气温是如何变化的？
（4）从总体上看，两地这几天的最高气温之间最明显的差别是什么？
3．合理预测。
根据图中的气温走向，你能预测一下随着日期的推移，气温会怎样变化吗？

四、尝试制作复式折线统计图

1．课件出示：甲、乙两城市 2012 年上半年月平均气温统计表，根据统计表制作复式折线统计图。

2．结合复式折线统计图的特点，思考制作复式折线统计图需要注意什么？

（1）绘制复式折线统计图，先要用不同的图例表示两个量，写在统计图的右上方。我们可以用实线表示甲市，虚线表示乙市。

（2）读图，看清图上横轴、纵轴分别表示什么。

横轴表示月份，纵轴一格表示 2℃。

（3）描点、连线。

根据甲市和乙市的数据，在图中描出相应的点，然后分别用实线和虚线将这些点进行连接。

（4）注意：正上方写统计图的标题，在标题的右下方标明制图的日期。

3．学生独立绘制统计图，课件反馈。

4．你能从统计图中获得哪些直观的信息呢？

5．课件出示数据分析导航题，小组讨论交流合作完成。

（1）两市月平均气温最大相差_____℃。_____月份两城市月平均气温相同，有_____个月乙市平均气温高于甲市，其余_____个月乙市平均气温低于甲市。

（2）分别说一说两城市平均气温是如何变化的？

甲市的月平均气温从 1 月到 4 月一直在升高，4 月到 6 月下降；乙市的月平均气温从 1 月到 3 月一直在下降，3 月到 6 月一直在升高。

（3）从总体上看，两城市月平均气温最明显的差别是什么？

从整体上看，两城市月平均气温最明显的差别是：甲市是先上升后下降，乙市是先下降后上升。

五、深化应用，课堂练习

1．课件出示某地年平均气温统计图。

某地年平均气温变化统计图[1]

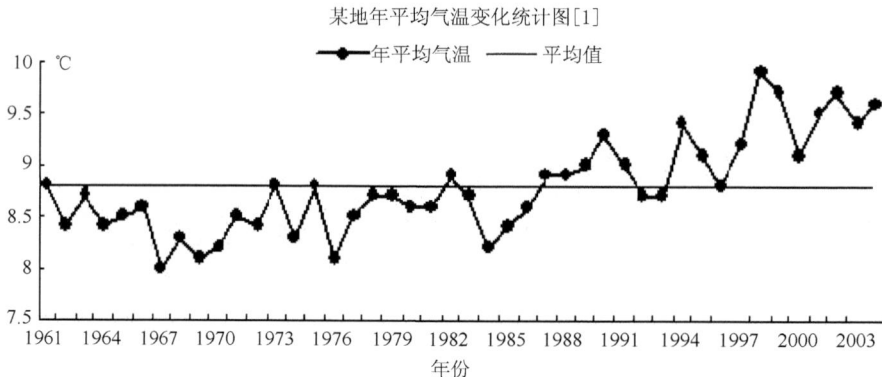

（1）在这幅图中，中间的线表示什么？年平均气温最高的是哪一年？

（2）从图中你发现了什么？这个地方的气温近年呈现怎样的变化趋势？（近年平均气温呈上升趋势）

（3）根据提供的数据，预测一下今后几年的年平均气温的变化趋势？

2．分享课前搜集的关于气候变化及其影响的资料。

课件或投影展示气候变暖的相关资料。

3．结合近百年来全球平均气温的变化图，谈谈你的看法。

近百年来全球年平均气温的变化[2]

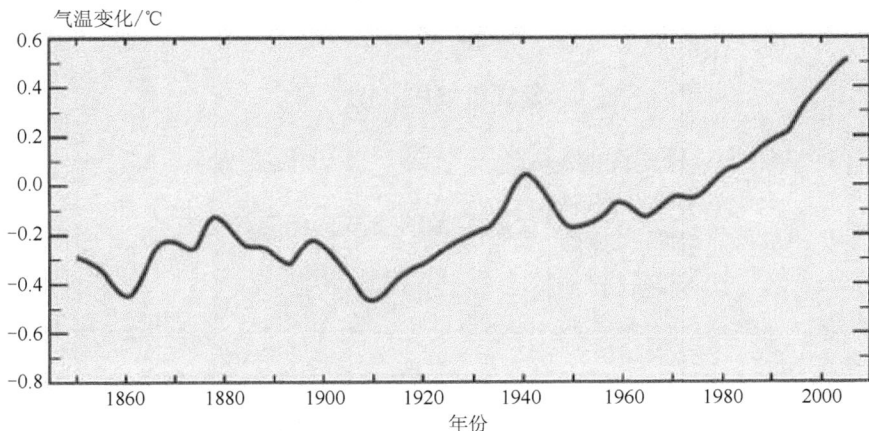

（1）全球气候变暖对环境有什么危害？

气候变暖，容易造成干旱，使粮食减产；气候变暖会使台风、火山爆发、地震等自然灾害增加；温度升高，人们生病概率将增加。气候变暖，海平面上涨，南北极冰川融化，会造成海岸、河口、海湾自然生态环境失衡，如北极熊和海象会渐渐灭绝。

（2）影响全球气候变暖的主要原因是什么？

全球变暖的主要原因是温室气体的大量排放所造成的温室效应。随着人口剧增，人们生活水平的提高，汽车尾气、工厂等废气排放，产生大量的二氧化碳，导致了大气污染，臭氧层被严重破环；还有我们平时喜欢开空调，空调排放的气体中含有大量的甲烷，而甲烷也是导致全球气候变暖的"凶手"。

（3）针对全球气候变暖，我们小学生可以做些什么？

从我做起，节约能源，不浪费水电、粮食等，少开空调，多种树。绿色出行，骑自行车或坐公交车，少坐私家车，减少汽车尾气排放。

六、课堂小结

通过这节课的学习，你有什么收获？关于环保方面，你又了解了哪些知识？今后你会怎么做？

在交流中让学生进一步认识温室效应引起的全球气候变暖给人类带来的危害，教育学生要科学地生活、学习，从生活中的点点滴滴做起，比如少用塑料袋、尽可能多坐公交车、少开空调……让自己的一言一行都绿色环保。

七、课后练习

1. 完成课本第 86 页第 2、3 题。

2. "我是环保宣传员"——向爸爸妈妈或身边的其他亲友宣传课堂上了解到的环保知识。

板书设计

复式折线统计图

选定图例
横轴、纵轴
描点、连线   反映数量的增减变化的趋势
标题、日期

32 我国的资源状况

——分数乘、除法问题解决（二）

（西师版小学数学六年级上册）

舒天文　王　彦　钟小平

教学设计背景及学情分析

本课时教学内容是在学生已经掌握"求一个数的几分之几是多少，用乘法计算"和"已知一个数的几分之几是多少，求这个数，用除法和方程计算"的基础上进行的，通过这两种类型的对比练习，可使学生更加熟练地掌握这两类分数应用题的解决方法。除此之外，本课时中的例题还渗透了有关矿产资源的相关知识。矿产资源是属于自然资源的一个方面，在进行数学知识探索的同时，让学生了解有关地球资源方面的知识，了解世界能源形势，培养节约意识和研究新能源的兴趣。

环境教育渗透点

1.【H2】不可再生能源资源；【H3】可再生能源资源。

2.【K4】节能减排；【K5】低碳生活。

教学目标

1．通过对比练习，让学生进一步理解分数乘、除法应用题的联系和区别，选择正确的方法解答简单的分数乘、除法应用题。

2．进一步掌握有关分数应用题的分析、解题技巧和方法。

3．通过自主学习、合作交流、相互评价，培养学生的分析推理能力，进一步培养合作意识和反思意识。

4．通过了解我国可再生能源、矿产资源、植物资源、化石资源等资源的相关知识，培养学生的爱国情操，增加对环境知识的了解，从小树立节约资源的意识，培养对新能源开发的兴趣。

教学重点

1．正确分析分数应用题中相关的数量关系，选择恰当的方法解决实际问题。

2．在数学教学中渗透环境知识。

教学难点

分析具体情境中的数量关系，找出准确解决问题的方法，找准题目中每个分率对应的单位"1"的量。

教学准备

1．教师准备 PPT 课件。

2．师生上网查阅与我国已探明的矿产资源和关于保护森林、保护水土、防止风沙以及我国的人工防护林等有关的知识。

教学过程

一、课前预习案

（一）找出下列分率所对应的单位"1"的量

1．科技书本数的 $\frac{6}{7}$ 是文艺书本数。

2．一块地的 $\frac{2}{3}$ 种大豆。

3．我国森林覆盖面积约占全国陆地面积的 $\frac{1}{5}$。

4．我国人均水量只相当于世界人均占有量的 $\frac{1}{4}$。

温馨提示：怎样找分率对应的单位"1"的量（分析：是"谁"的几分之几，"谁"就是单位"1"的量。）

（二）根据题意，列出算式（不要求计算）

1．24 的 $\frac{5}{6}$ 是多少？

2．甲数是 72，乙数是甲数的 $\frac{3}{8}$，乙数是多少？

3．一个数的 $\frac{1}{5}$ 是 32，这个数是多少？

4．一个数是 60，它是另一个数的 $\frac{3}{5}$，另一个数是多少？

二、课中探究

（一）展示预习成果，谈话引入

分数应用题的解题思路是什么？（引导：首先找出单位"1"的量，然后分析题中的数量关系，再根据数量关系式列算式或列方程解答。）

我们已经学习了简单的分数乘、除法应用题，今天我们继续解决有关分数乘除法的问题。（板书课题：分数乘、除法问题解决二）

（二）创设情境，提出并解决问题。

1．创设情境，出示例题。

（1）我国地大物博，矿产资源特别丰富，长江流域矿产种类尤其丰富。在这些探明储量的矿产中，大部分是可以开发的，还有一部分由于技术等原因，现在还开发不了。

（2）出示例 2：长江流域约有 120 种矿产资源，可供开发的占 $\frac{5}{6}$，长江流域的矿产资源种数约占全国的 $\frac{30}{37}$，长江流域可供开发的矿产资源有多少种？全国的矿产资源有多少种？

2．分析、理解题意。

（1）知道什么叫矿产资源吗？举几个例子。

简介：矿产泛指一切埋藏在地下（或分布于地表的、或岩石风化的、或岩石沉积的）可供人类利用的天然矿物或岩石资源。铅、锌、钨、锡、锑、稀土、菱镁矿、石膏、石墨、重晶石等储量居世界第一位。我国已探明矿产资源总量居世界前列，矿产资源开采总量居世界第二位，是世界矿产资源大国之一。

（2）引导分析：

①第一个分率 $\frac{5}{6}$，说的是谁占谁的 $\frac{5}{6}$，它对应的单位"1"的量是什么？

②根据这句话能找出一组数量关系吗？

长江流域的资源×$\frac{5}{6}$=可供开发的资源，如有其他合理答案，也算正确。

③怎样解决第一个问题？为什么用乘法？

引导：已知单位"1"的量，求它的几分之几是多少用乘法计算。

④第二句中的单位"1"的量是什么？这句话中包含着怎样的等量关系？

（3）小组讨论它们各需要什么方法解决？

（4）在练习本上尝试列式解决所求的问题。

（5）全班交流、汇报。

板书：（见板书设计）

3．议一议。

这两个问题在数量关系、解答方法上有什么不同？

引导小结：

（1）求一个数的几分之几是多少，用乘法解答，用单位"1"的量乘分率得分率对应的部分量。

（2）已知一个数的几分之几是多少，求这个数，用方程解决或直接列除法算式解决，方程所用的数量关系和（1）的情况一样，用算术方法计算时，用部分量除以它所对应的分率，得单位"1"的量。你更喜欢哪一种方法？

三、深化应用，课堂练习

（一）即时练习

我国人工造林面积约占全国森林面积的 $\frac{3}{10}$，森林面积约占全国陆地面积的 $\frac{1}{6}$，已知我国现在森林面积约是 160 万 km^2。

你能提出什么数学问题？如何解决？

1．这个题讲的是哪个方面的自然资源知识？简单介绍有关保护森林，人工造林，保护水土、防止风沙，以及我国现已建设的人工防护林等相关知识。

2．分析题目中各分数的意义，以及它们对应的单位"1"。

3．提出问题：我国人工造林面积有多少平方千米？我国陆地面积是多少？

4．独立解答，汇报交流。

（二）练习十中的第 3、6、7 题。

1．第 3 题：自己试做，汇报交流。对比两个小题的不同之处，强调做有关分数的应用题，首先应该找准单位"1"的量是已知还是未知，然后再找出等量关系，再选择适当的方法解决。

2．第 6 题：生试做，你是怎样分析思考的？单位"1"的量是什么？已知还是未知？求什么？怎么做？

3．第 7 题：先分析题目中的单位"1"的量是什么？已知还是未知？可以用什么方法做？再独立完成；最后汇报解题过程，交流解题思路。

四、小结拓展

通过这节课的学习，你都有些什么收获？解决有关分数的应用题一般的思路是什么？你觉得分析这类应用题目时，要特别注意的是什么问题？

　　除了数学知识以外，你还收获了哪些有关自然资源方面的知识？对于当今世界的资源形势，你还有哪些了解？（常规化石能源日趋枯竭，人类已经面临能源危机。）对此，你有什么感想？（节约资源，努力开发利用新能源。）简单介绍人类正在研究利用的新能源，以及可再生能源（太阳能、风能、水能、潮汐能、核能、地热能、氢能等）。

五、作业

　　（一）练习十中的第 8、9 题

　　（二）上网查询有关地球资源的相关知识，筹备一次有关地球资源知识的读书交流汇报会。

板书设计

分数乘、除法问题解决（二）

（一） $120 \times \dfrac{5}{6} = 100$ （种）

答：长江流域可供开发的矿产资源有 100 种。

（二）　　　　　方法一　　　　　　　　　　方法二

解：设全国的矿产资源有 x 种。　　　$120 \div \dfrac{30}{37} = 148$ （种）

$$\dfrac{30}{37}x = 120$$

$$x = 120 \div \dfrac{30}{37}$$

$$x = 148$$

答：全国的矿产资源有 148 种。

英　　语

33 What colour?

(川教版（2013 年）小学英语三年级起点）

张　林　葛方梅　郭　涛

教学设计背景及学情分析

本课通过创设情境让学生认识 5 个颜色的单词，并在老师的指令下确认颜色，进而在学习活动中用"What colour？"进行对话。在末尾处引出下一课时要学习的黑和白两个颜色。三年级学生初次接触到此内容，在整个教学活动中注重培养他们的学习兴趣、合作意识和用英语思维的习惯，渗透环境教育理念，树立学生爱护环境、保护大自然的意识。

环境教育渗透点

[E]生物多样性之【E4 植物与绿化】。

大自然中的各种颜色呈现出生机勃勃的景象，大家要爱护环境，维护人类五彩缤纷的生存空间。

教学目标

1. 学生能正确认读单词 red，yellow，orange，blue，green，point to。
2. 学生能正确运用 What colour？提问事物的颜色，进行简单的交流。
3. 激发和保持学生学习英语的兴趣。
4. 培养学生合作意识和用英语思维的习惯。
5. 培养学生爱护生态，保护大自然的情感。

教学重点

1. 学生能够运用 What colour？进行流利的交流。
2. 学生能够体会到环境变化对自然界色彩的影响。

教学难点

1. 培养学生用英语思维的能力。
2. 培养学生流利运用语言的能力。

教具准备

PPT，颜料盒，单词卡。

教学过程

Step 1：Greeting

T：Good morning.	Ss：Good morning.
T：Nice to meet you.	Ss：Nice to meet you，too.

Let's sing a song—Good Morning.

（设计意图：通过问候和歌曲营造英语的氛围，引领学生进入英语学习状态，为接下来的学习作铺垫。）

Step 2：Warming up

Review the following words with some cards：" cat，frog，bird，fish，Sunny，Windy，Cloudy，Rainy".

（设计意图：选择了几张动物和卡通人物的图片，图片上的颜色是本课的新授内容，通过让学生复习这几个旧单词，为操练中新旧知识的结合奠定基础。）

Step 3：Presentation

1．The teacher shows the class a colour box and says："colour，colour，颜色".
2．Write the title "What colour？" on the blackboard.
3．Show a tube of red paint，then say："red，red，红色".
4．Teach the other words "yellow，orange，blue，green" like this.

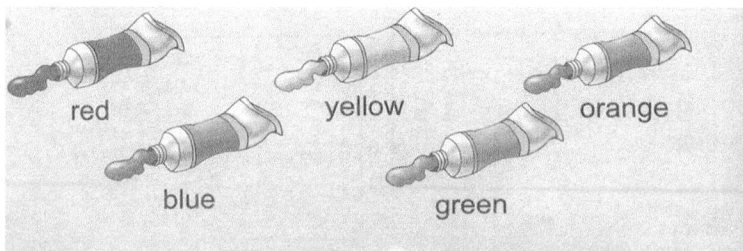

red yellow orange
blue green

5．Pay attention to the pronunciations of these new words．Make sure the most of them can read correctly.

（设计意图：此环节让学生初步认识颜色的单词，通过领读、分组读、齐读、抽读等形式能听懂，会正确朗读，为下一步的操练和拓展打好基础。）

Step 4： Practice

1．Listen to the dialogue and read it twice， then act it out.

2．Mix the colours to make up a new colour.

Yellow +blue = green

Red + yellow = orange

Red + blue = purple

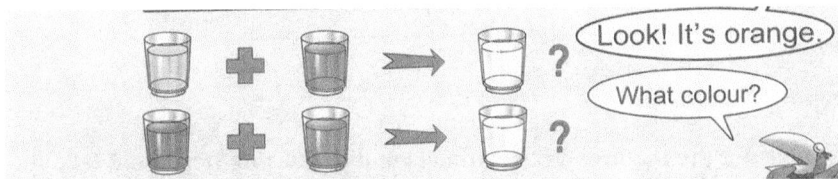

3．Show some colour cards，the teacher say the words，then let the pupils point to the corresponding ones， finally read the chant loudly.

4．Work in pairs and make up a new chant.

（设计意图：此环节采用任务型教学法，让学生在做中学，更深刻地认识颜色，操练新单词的读音和意思，培养英语思维的习惯，锻炼听、说、读、编的技能。）

Step 5： Consolidation

1．Play a guessing game

A：What colour？

B：Orange.

A：No.

C：Please try again.

B：Red.

A：Yes.

2. Take out the pictures of the animals and cartons in Step 2 and ask their colours.

A：What colour is the cat?

B：Yellow．The cat is yellow.

Ask and respond the colours in this way.

（设计意图：通过猜颜色的游戏和谈论动物及卡通人物的颜色可以训练学生的语言表达能力，检测学生对本节课学习任务的掌握情况。让学生在合作交流中互相帮助，取长补短，真正成为学习的主体。）

Step 6：Extension

1. Take out the pictures of the animals and cartons in Step 2 and talk about their colours.

2. Then change the colourful pictures into black and white ones.

3. Ask the pupils which ones they like better，the colourful ones or the black and white ones.

4. Why do they change their beautiful colours?

5. What will you do to protect the environment as a pupil?

6. How can we keep the nature beautiful?

（设计意图：通过观察，让学生体验彩色图片变成黑白图片的过程。设想如果我们的环境恶化，大自然失去色彩，那么我们的生存空间就会受到威胁，由此引发对环境保护的讨论，增强保护环境的意识，关注环境问题，为绿化环境付出自己的行动。）

Step 7：Summary

1. We have learnt 5 words about colours "red，yellow，blue，orange，green. " We can use "What colour? "to ask the colours of objects.

2. As we know，there are a lot of colours on the earth. If the beautiful colours disappear，we will not be happy. The earth is our home and we have the duty to take care of it for ourselves.

Step 8：Homework

Remember the new words and try to recite the text.

Bb Design

What colour?

red   yellow   orange   blue   green

Here you are.   Point to …

Please try again.

34　Talking about Animals

（川教版（2013年）小学英语三年级起点四年级上册）
葛方梅　郭　涛　张　林

教学设计背景及学情分析

　　学生已经掌握了一些动物的英语名称和身体部位的单词，在本节课中通过创设和动物相关的活动让学生在活动中合作、探讨、交流。在整个教学活动中渗透环境教育理念，通过谈论动物及动物赖以生存的自然环境的交流活动，树立学生保护动物，珍爱大自然的环保意识。四年级的学生已具有一定的英语思维习惯，且多数学生兴趣较浓厚，因此通过一系列的教学活动激发学生持续的学习兴趣，培养学生的合作意识和用英语思维的习惯。

环境教育渗透点

　　1.【E5 野生动物保护】。
　　2.爱护环境、保护动物、维持生态平衡、珍爱大自然的重要性。

教学目标

　　1.学生能正确认读并运用单词：leg，tail，arm，strong，grey。
　　2.学生能初步围绕"动物""环境"展开话题，并能正确表达

It has long arms.　　　　　Its arms are long.

　　3.培养学生乐于模仿，积极参与的态度和用英语思维的习惯。
　　4.激发学生热爱并保护动物、珍爱大自然的热情，让学生明白爱护环境、保护动物、维持生态平衡、珍爱大自然的重要性，增强学生的环保意识。

教学重点

　　1.运用所学单词、短语，围绕"动物"和"环境"开展听、说、读、写活动。
　　2.培养学生乐于模仿，积极参与的态度和用英语思维的习惯。
　　3.激发学生热爱并保护动物，珍爱大自然的热情，让学生明白爱护环境、保护动物、维持生态平衡、珍爱大自然的重要性，增强学生的环保意识。

教学难点

1．培养学生用英语思维的能力。

2．培养学生用英语流利表达的能力。

教学准备

1．PPT。

2．各种动物卡片。

3．学生课前搜集各种动物和自然环境密切相连的信息。

教学过程

Step 1：Warm up and greetings

1．Chant．

2．Ask some questions about their names，ages and some information about the personal life．

Q：What's your name？

How old are you？

How are you？

What day is today？

What season is it now？

（设计意图：通过轻松的英语说唱及自然的英语问答，营造一个学习英语的氛围，引领学生进入英语的学习状态，为接下来的学习作铺垫。）

Step 2：Revision and lead-in

1．PPT：Look at the pictures and say the words of animals．

Q：What's this？

What can you see？

（It's an elephant．/ a pig．/ a cow．/ a cat...）

2．Ask some questions about animals：

Q：Do you like animals？

Which animal do you like？

（设计意图:此环节通过让学生看图片回答问题，复习了和动物相关的旧知识，自然过渡到新课内容。通过师生问答、生生问答，给每个学生思考并表达英语的机会，训练了学生的逆向思维，又锻炼了学生组织语言的能力，为学生创设了一个英语交际的真实环境。)

Step 3：Presentation

1．PPT：Learn the new words．

leg 腿   tail 尾巴   arm 手臂   strong 强壮的

Look at the pictures and say：

leg — It has short legs．

tail — It has a long tail．

arm，strong — He has strong arms．

2．PPT：（Let's talk.）Learn the sentences：

看图片中的动物朋友"elephant"。

（1）读句子，明白"an"的用法。an elephant...

（2）找出句子中的复数单词：ears，eyes，legs，feet．弄清楚 is，are 的区别。明确单数用"is"，复数用"are"。

（3）Practice speaking．让学生充分谈论大象朋友的形体特征，生活环境和生活习性，明确保护动物、爱护环境、珍爱大自然的重要意义。

3．分组拓展训练。

读左图中的句子，看下面 4 个动物朋友图片仿照说句子并写出来。

（设计意图:此环节通过让学生看图片谈论动物特征，为学生创设了一个英语交际的真实环境，给每个学生思考并表达英语的机会，既巩固了本课语言知识，又锻炼了学生组织语言的能力，更要激发学生热爱并保护动物，珍爱大自然的热情，让学生明白各种动物在大自然中保持生态平衡的重要性，从而增强学生的环保意识。此环节还可以根据实际情况进行扩展。）

A   B   C   D

Eg. It has a big head. It's head is big.

It has small ears. It's ears are small.

It has long legs. It's legs are long.

It has a short tail. It's tail is short.

Step 4：Exercise

我会根据课文内容填空。

This is_____ elephant. It is grey.

Its nose _____ long.

Its ears and eyes _____ very big.

Its _____ are very strong.

Its feet are very big，_____.

_____ tail is small and short.

（答案：an；is；are；legs；too；Its）

Bb Design

Talking about Animals

leg   tail   arm   strong

It has long arms.   Its arms are long.

35　Planting Trees

（川教版（2013年）小学英语三年级起点五年级下册）

郑加艳　黄　莉　李友平

教学设计背景及学情分析

　　学生们在上一节课已初步掌握了一般将来时的问和答，在本节课中通过创设情境和活动让学生们在情境活动中合作、探讨、交流植树的环节。在整个教学活动中渗透环境教育理念，通过植树活动，树立学生保护大自然、保护环境的意识。五年级的学生已具有一定的英语思维习惯，且兴趣较浓厚，因此通过一系列的教学活动激发学生持续的学习兴趣，培养学生的合作意识和用英语思维的习惯。

环境教育渗透点

　　1．[E]生物多样性之【E4 植树与绿化】。

　　2．[K]重要概念、政策法规及其他之【K11 重要的环保纪念活动】。

教学目标

　　1．学生能正确认读并运用单词短语：season，know，learn，how to plant trees，dig a hole，stamp the earth 等。

　　2．学生能初步围绕"植树"展开话题，并能正确使用：

What are they going to do？

They are going to …

Do you know how to …

Yes，I do． / No，I don't．

　　3．培养学生乐于模仿，积极参与的态度和用英语思维的习惯。

　　4．激发学生热爱并保护大自然的热情，让学生明白植树造林、绿化地球的重要性，增强学生的环保意识。

教学重点

1．运用所学单词短语围绕"植树"开展听、说、读、写活动。

2．培养学生乐于模仿，积极参与的态度和用英语思维的习惯。

教学难点

1．培养学生用英语思维的能力。

2．培养学生用英语流利表达的能力。

教学准备

1．PPT。

2．学生课前搜集各国的植树节信息。

教学过程

Step 1：Warming up

Ask some questions about their names，ages and some information about the personal life.

Q：What's your name？

How old　are you？

What do you like doing？

What subject do you like best？

What day is today？

What is the date today？

What season is it now？

（设计意图：通过轻松自然的英语问答，营造一个学习英语的氛围，引领学生进入英语学习状态，为接下来的学习作铺垫。）

Step 2：Lead-in

1．Show some pictures about four seasons to Ss（PPT），then ask：What season is it？

2．Ask Ss：What season do you like best？

3．Show the first picture of the text，have Ss in groups talk about what questions they can ask.

Q：What season is it？

What can you see in the picture?

（设计意图：此环节通过让学生观察图片，由师生问答向生生问答过渡，给每个学生思考并表达英语的机会。学生自己提问打破课堂教师提问的常规，训练了学生的逆向思维，又锻炼了学生组织语言的能力，为学生创设一个语言交际的真实环境。）

Step 3：Presentation

1．Show some pictures about trees are cut down on the earth.

Ss discuss what our earth will be like while trees being cut.

2．Ss discuss how we can do for our earth to present Planting Trees.

3．Listen to the text twice and then answer the questions：

1）What season is it?

2）What are they going to do?

3）Does Tingting know how to plant trees?

4．Listen and repeat the text.

5．Ask Ss：Do you know how to…

plant trees?　Then teach the sentence：Look at the pictures and learn how to plant trees.

（设计意图：此环节采用任务型教学法，让学生带着问题去看、去听、去思、去讨论，更好地体现出对学生良好习惯的培养及学习方法的渗透，并在教学中自然地渗透了环境教育。）

6．Show pictures of five steps about planting trees. Ss discuss in groups and reorder the pictures.

7．Ss learn the steps of planting trees by themselves.

1）Ss say the right order one by one.

2）Ss read the phrases in groups.

Step 4：Practice

1．Show the pictures of the text.　Ss act out in groups.

2．Show the pictures of planting trees，Ss retell the steps and do the actions.

（设计意图：此环节是对课文的巩固。通过看图说话能训练学生的语言表达能力，培养学生勇于实践的精神，能体现教师在课堂教学中的角色变换，学生真正成为学习的主人。在小组活动中，学生们相互补充、相互帮助，在参与中学会了合作。）

Step 5：Extension

1．Ask Ss：When is Tree Planting Day in China？

2．Ss talk about Tree Planting Day in other countries they have collected.

（设计意图：学生课前搜集了各国植树节的有关资料，通过对信息的共享，再次渗透环境保护意识，让学生意识到植树造林绿化环境是人类应尽的义务。）

Step 6：Summmery

Guide Ss to draw pictures of five steps about planting trees and retell the steps together.

Step 7：Homework

1．Retell the text.

2．Design a poster of planting trees.

Bb Design

Planting Trees

How to plant trees

Dig a hole　　　　Put a tree in the hole

Water it well

Put the earth back　　　Stamp the earth

36 How Did You Come Here?

（川教版（2013年）小学英语三年级起点六年级上册）

黄　莉　郑加艳

教学设计背景及学情分析

本课时的教学内容是学生在五年级掌握了 How do you come to school？及回答 I come to school by …的拓展和延伸。通过情境设置让学生区别 How　did …和How do…并能够根据时间不同，选择正确的回答：I came…和 I come…以小组合作的形式，通过调查、搜集、观察、交流、讨论、汇报等形式，引导学生能够通过距离的远近、人员的多少及碳排放的多少来选择更加合理、更加绿色的出行方式。从而让学生在学习英语的同时渗透环境教育，把环保意识转化为具体的的爱护环境、保护环境的具体行为。

环境教育渗透点

[B]空气之【B2 大气的主要污染源和污染物】；[I]交通之【I1 现代交通工具的能耗与污染】和【I3 绿色出行】。

教学目标

1．通过单词卡，学生能正确认读并运用常用的交通方式的短语 by　bus，by taxi，on foot…

2．通过情境设置和小组活动，学生能够在不同的语境中正确的选择 come-came．do-did．同伴间能够围绕"交通"展开话题，并能正确使用 How　did you come　here？I　came here　by …和 How do you come to school？ I come to school by…进行交流。

3．通过听、说、读、唱、表演等方式，培养学生乐于模仿，积极参与的学习态度和用英语思维的学习习惯，为今后进一步的学习奠定基础。

4．通过小组调查、搜集、观察、交流、讨论、汇报等形式，引导学生了解现代交通工具的能耗与污染，从而培养学生选择健康的绿色的出行方式的意识。

教学重点

学生能够根据不同的语境中正确地选择 come-came 和 do-did. 并能正确使用 How did you come here? I came here by ...和 How do you come to school? I come to school by...进行交流。

教学难点

对于过去时间 yesterday，this morning 学生能够运用：How did...和 I came... 进行表达和交流。

教学准备

1．学生课前收集有关汽车尾气对环境破坏的图片和数据。

2．学生课前调查身边的亲人、同伴常用的出行方式并完成调查表。

3．学生课前收集有关交通拥堵的图片。

4．制作多媒体课件和交通工具的单词卡。

教学过程

Step 1：Greetings and Warm-up

1．师生问好，学生做值日报告。以单词竞赛的形式，分小组汇报组内自学的交通方式单词或短语的成果。

2．热身练习：根据 PPT 中动画的提示，Act and Sing.

Eg. How do you come to school?

come to school，come to school?

How do you come to school?

I come to school by bus，bus，bus.

3．以小组为单位，用 by plane，by taxi，by car，by boat，by train 和 walk 继续完成热身练习中 Act and Sing.

Step 2：Free talk and Lead-in

1. T：Look at the PPT，I come to school by car every day. How do you come to school?

P：I come to school by plane/by taxi/ by car/ by boat...学生根据 PPT 上的图片提示小组内自由交流，完成调查表。

交通方式	by taxi	by boat	by train	by plane	on foot
姓名					

2．小组汇报展示：

P1：How do you come to school？

P2：I come to school by bus．How do you come to school？

P3：I come to school on foot…

Step 3：Practice speaking

1．T：Look at the PPT．这是昨天的道路的拥堵状况，So，I came here on foot yesterday．How about you？How did you come here yesterday？引导学生区别 every day 和 yesterday/this morning。

P：I came here on foot．

T：Why did you come here on foot？Why did you walk？

P：我们家近．

T：Your home is near．Your home is not far．（画图解释 far 和 near 的意思．）

2．小组合作，选择出自己的交通方式的单词卡，讨论昨天的交通方式，练习下列的对话：

Eg．P1：How did you come here yesterday？

P2：I came here by…

P1：Why did you come here by…

P2：My home is near /not far here．

3．小组合作根据 PPT 上的图片设置情境，要求学生选择 come-came，do-did 来完成如下对话：

P1：How do you come to school every day？

P2：I come to school by bus．

P1：How did you come here yesterday？

P2：I came here on foot…

Step 4：Extension

1．小组内交流，学生根据刚才的练习完成下列调查表：

姓名	家校距离			交通方式						最佳出行方式
	小于5km	5～10km	大于10km	By bus	By car	By train	By boat	By plane	On foot	

2．小组讨论后让孩子们找出最适合自己的到校方式。

3．PPT 展示各地的道路交通状况和汽车尾气排放的数据。通过查找资料和小组讨论：同学们知道绿色出行方式有 on foot，by bike，by bus，car sharing…

Step 5：Summay and Homework

How did you come here? How do you go there? What's the best vehicle? What's the environmental vehicle? After class，Let's make a chant or a song like this．That's the homework.

How did you come here?

Come here，come here?

How did you come here?

I came here on foot.

Bb Design

How Did You Come Here?

How <u>did</u> you come here?

I <u>came</u> here
- on foot
- by bus
- by bike
- by car
- by taxi

yesterday/this morning.

音　乐

37　动 物 说 话

（人音版音乐一年级上册）

林　聚

➡ 教学设计背景及学情分析

《动物说话》是一首歌谣风的创作歌曲，2/4 拍，五声降 E 羽调式，一段体结构。歌曲的节奏简单，以四分音符、八分音符为主。旋律较为平和，级进与小跳相结合，采用重复、模进，变化重复的手法，紧密结合了语言的特点，表现小动物稚嫩的拙态和叫声。乐句间伴奏的应用，使歌曲风趣，富有变化，又仿佛是小动物机警的神态。动物是人类的朋友。一年级的小朋友绝大多数都接受过学前教育，小朋友们都活泼好动，天真烂漫。本课应让学生充分认识动物，感受音乐中的动物，了解动物的生存环境，知道动物是人类的好朋友，我们应与大自然中的生物和谐相处，维持生态平衡。

➡ 环境教育渗透点

1．学科知识渗透点：用正确的节奏和情感完整地演唱、表现、创编歌曲。

2．环境教育知识点：[E]生物多样性之【E5 保护野生动物的重要性】；[A]水之【A3 水污染与治理】。

➡ 教学目标

1．情感、态度、价值观目标：对描写小动物的歌曲感到有趣，知道动物是人类的好朋友，人与动物应该和谐相处，渗透环境教育。

2．过程与方法目标：能用愉快的心情演唱歌曲，并领会歌曲中爱环境、爱动物的情感。创造性地参与音乐活动，尝试进行音乐创编活动，初步创编歌词。

3．知识技能目标：学习并掌握"X X | XX X |"这个节奏型，并能准确运用到歌曲中。

教学重点

有感情地演唱歌曲并进行创造性的音乐实践活动。

教学难点

用正确的节奏和情感完整地演唱、表现、创编歌曲。知道怎样保护大自然。

教学准备

1. 多媒体教学课件。

2. 各种打击乐器。

3. 与歌曲相关的头饰。

教学内容与过程

1. 组织教学（听音乐律动引领学生进入音乐课堂），练习发声练习进行放松活动，听音乐跟随教师进行音乐活动。

2. 导入歌曲（播放音乐，围绕听觉训练，通过节奏练习为学生学习新课做铺垫）。

出示教学 PPT，请大家学习节奏 Ｘ Ｘ | ＸＸ Ｘ |。

3. 学唱歌曲（指导学生用自然的声音，活泼、愉快的情绪演唱歌曲，首先让学生听老师唱，然后进行模唱，最后学唱）。

学习第一段歌词，间奏时加上谱子 Ｘ Ｘ | ＸＸ Ｘ |。

加上拍手 Ｘ Ｘ | ＸＸ Ｘ |，尝试用拍手的方式进行伴奏，停顿的地方大家进行拍手伴奏。

合作学习：

师生合作——教师唱歌词，学生拍手。

小组合作——学生分成两组，学生唱词，学生拍手。

学习第二段歌词：完整演唱歌曲和分组创编歌词。

生活中一定还有其他可爱的小动物，请把你喜欢的小动物编进这首歌曲里，分组进行创编。

4．展示活动。

把创编的歌词唱给大家听，并且加上舞蹈，在最后巧用水和玻璃杯制作七彩音阶为歌曲伴奏，上台展示。

5．教师总结：动物是人类的好朋友，我们应与大自然里的一切事物和谐相处，保护大自然，保护水资源，保护地球。

6．（1）请每位小朋友回家自己创编歌词。

（2）请每位家长将自己孩子如何保护大自然的做法用书面材料向老师汇报。

38 四季童趣

（人音版小学音乐三年级上册）

甘小梅　赵　沛

教学设计背景及学情分析

《四季童趣》是人音版小学音乐三年级上册第六课中的教学内容。歌曲 4/4 拍，五声徵调式，是一首曲调欢快活泼，充满童趣的歌曲。歌中描绘了一幅幅生动而饶有情趣的画面，形象地表现了儿童在四季中天真烂漫的欢乐情景，抒发了他们热爱生活的心情。其目的是培养学生用天真、活泼的情绪演唱出歌曲中的"趣"，感受自然之美，从而更加热爱大自然，热爱生活。

环境教育渗透点

[E] 生物多样性之保护大自然的重要性。

教学目标

学科教学目标

1. 有感情地演唱歌曲，并通过歌唱、表演，感受歌曲所描写的四季各个阶段的童趣生活，表达小朋友们热爱生活亲近大自然的纯真情感。

2. 通过"意境"的教学方式，培养学生的思维能力，激发学生的想象力，锻炼学生即兴表演的能力，能够积极与同学合作并用优美的语言、舒展的歌声及肢体动作编创一定的情境来表达内心的感受。

3. 通过本课的学习，从歌声中感受到"四季童趣"的意蕴，激发学生热爱生活、热爱大自然，保护大自然的美好感情。

教学重点

启发学生用欢乐活泼、优美的声音自信地演唱歌曲，培养孩子热爱大自然、热爱生活的感情。

课前准备

1. 课前让学生搜集有关四季的资料和图片。

2. 写一二件童年生活中最有趣的事情。

3. 制作多媒体课件。

教学过程

1. 趣图导入。

同学们好！很高兴又来到了我们今天的"do re mi"课堂，老师带大家一起走进美丽的大自然！（出示图片）

提问：你看到的都是什么季节？它们美吗？喜欢这美丽的大自然吗？

抽生讲解图片。

师总结：春天，小草吐绿，百花齐放，姹紫嫣红，争奇斗艳是最富有生机的季节；夏天，骄阳似火，烈日炎炎，小朋友们可以游泳打水仗，在海边拾一些美丽的贝壳；到了秋天，那可是个丰收的季节，满山的红叶，沉甸甸的果实，透出的是丰收的喜悦；冬天，是雪花的世界，白雪皑皑，银装素裹，别提多美了。

今天我们就来学习一首非常有童趣的歌曲——《四季童趣》，让我们一起来听一听歌曲中描述了春、夏、秋、冬四个季节的哪些有趣的事情？

2. 聆听录音范唱。

3. 请同学们说一说歌曲是怎样描绘四季的？

春天→放风筝。

夏天→小河湾，抓螃蟹。

秋天→长竹杆，打枣、摘苹果。

冬天→雪撬板去滑雪。

4. 再次聆听录音范唱，启发学生体会歌曲的演唱速度和情绪。

5. 学唱歌曲。

（1）逐句聆听教师的范唱，学生学唱，体会情绪。

（2）生跟钢琴分句演唱。

（3）跟着教师的范唱完整地演唱歌曲。

（4）学生自主完整地演唱全曲。

（5）有感情地演唱歌曲。

师启发：你们的童年都做过哪些有趣的事情？

6．利用书上的插图做辅助，引导学生们用不同的情绪演唱不同的四个季节，并唱好此首歌曲。

7．巩固练习。

（1）全班分为两大组进行练唱，一组唱上段，一组唱下段，唱完一遍再进行交换，以唱得最整齐的组获胜。

（2）全班完整地演唱一遍，加入身体律动，感知节拍。

8．展示欣赏各自搜集的四季图片。

（1）请同学们分组讨论，怎样用自己的形体动作、肢体语言来描绘这四个不同的季节。

（2）分组展示他们创编的动作。

（3）找出四组（按季节）表演贴切的组，随着音乐表演。

（4）教师组织学生合作表演。

9．请同学之间相互评价，取长补短。

10．设问："孩子们，你们童年生活中有哪些有趣的事情？"

教师小结：今天我们学习了一首充满童趣的歌，同学们的歌声很美，舞蹈跳得也非常棒，感受到了春夏秋冬四季不同的美。希望同学们在今后的生活中去发现更多大自然的美，去保护大自然，让它美丽长驻。

活动延伸

春夏秋冬四个可爱的娃娃使我们的生活变得多姿多彩，更给我们的生活带来了无限的生机和乐趣。同学们，能不能发挥你们的想象力和才能，用你们喜欢的颜色把美丽的大自然画下来呢？

板书设计

四季童趣

夏

春　　　　　　　　秋

冬

四季童趣

秦全华 词
刘卫平 曲

1 = F 4/4

天真、活泼地

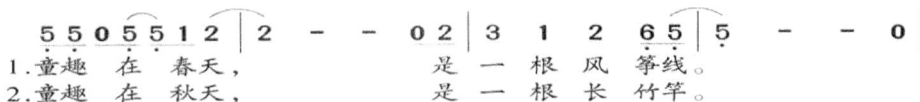

```
5 5 0 5 5 5 1 2 | 2 - - 0 2 | 3 1 2 6 5 | 5 - - 0 |
1. 童 趣 在 春 天，      是 一 根 风 筝 线。
2. 童 趣 在 秋 天，      是 一 根 长 竹 竿。
```

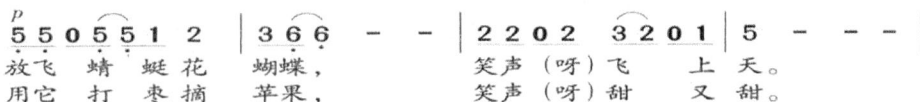

```
p
5 5 0 5 5 5 1 2 | 3 6 6 - - | 2 2 0 2 3 2 0 1 | 5 - - - |
放飞 蜻 蜓 花 蝴蝶，    笑声（呀）飞  上 天。
用它 打 枣 摘 苹果，    笑声（呀）甜  又 甜。
```

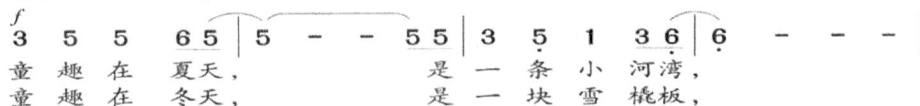

```
f
3 5 5 6 5 | 5 - - 5 5 | 3 5 1 3 6 | 6 - - - |
童 趣 在 夏 天，    是 一 条 小 河 湾，
童 趣 在 冬 天，    是 一 块 雪 橇 板，
```

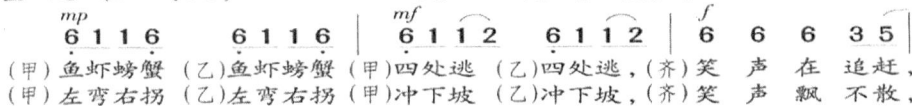

```
mp
6 1 1 6 | 6 1 1 6 | mf 6 1 1 2 | 6 1 1 2 | f 6 6 6 3 5 |
（甲）鱼虾螃蟹（乙）鱼虾螃蟹（甲）四处逃（乙）四处逃，（齐）笑 声 在 追 赶，
（甲）左弯右拐（乙）左弯右拐（甲）冲下坡（乙）冲下坡，（齐）笑 声 飘 不 散，
```

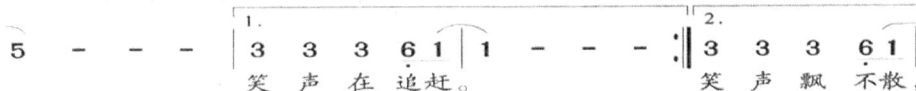

```
                    1.
5 - - - | 3 3 3 6 1 | 1 - - - : | 2. 3 3 3 6 1 |
                    笑 声 在 追 赶。        笑 声 飘 不 散
```

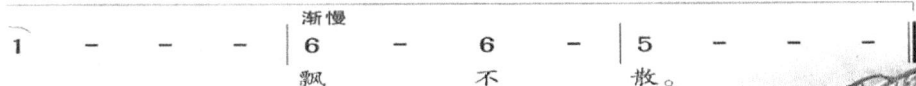

```
                    渐慢
1 - - - | 6 - | 5 - |
                    飘    不    散。
```

39　春雨蒙蒙的下

（人音版小学音乐五年级下册）
童俊英

教学设计背景及学情分析

《春雨蒙蒙的下》是电影《绿色钱包》中的一首插曲，曲调细腻流畅，描绘了绵绵的春雨，使冬眠的万物复苏，也隐喻着春雨滋润着少年儿童的心田。这首歌曲以景抒情，情景交融，纯朴而富有诗意。歌曲曲调由弱起开始，中间不断出现跨小节的切分节奏，使音乐充满生气和活力，象声词"刷刷刷刷"十分形象生动地体现出春雨形象。其目的是培养学生用优美的歌声演唱，感受春雨的美，从而培养热爱自然、热爱生活的态度。

环境教育渗透点

人类生存离不开大自然，要学会热爱和保护大自然。

教学目标

1．能用优美的歌声演唱《春雨蒙蒙的下》，并背唱歌曲，能和同伴一起编创节奏，在合适的地方用沙槌为歌曲伴奏和表演。

2．认识切分音（一），能正确运用于音乐实践活动，初步懂得切分音在音乐表现中的作用。

3．通过对本课的学习，让学生懂得大自然是我们人类赖以生存的环境，从而培养学生爱护大自然、保护大自然的情感。

教学重点

指导学生用连贯、平稳的声音演唱《春雨蒙蒙的下》，并背唱歌曲。培养学生热爱生活、热爱大自然的情感。

教学难点

注意掌握歌曲弱起小节和换气，唱好切分音。

课前准备

1. 多媒体课件。
2. 钢琴。

教学过程

一、导入

1. 创设情境，多媒体出现春天景色（桃花、春雨等），教师带学生去踏青，并放歌曲《春雨蒙蒙的下》。

2. 让学生说说春天都是什么样子的，面带微笑，闻花香。（歌唱的气息练习）

3. 歌曲的连音练习 2/4 0 3　5 3 ｜ 5-1 5　65 1 3　5 3 ｜ 1-　　‖。

二、歌曲教学

1. 初听，感受歌曲情绪、速度和意境。（歌曲描绘了春天的什么景象？）教师引导学生关注歌词内容，从歌词"刷刷刷刷"声和"绿了杨柳，红了杏花"中展开联想。

2. 复听，模唱歌曲中出现的象声词。（要求：轻声）

3. 再次听，并设问：为什么这么简短的歌词"春雨蒙蒙的下"要唱两遍呢？

（1）跟琴唱一唱，讲弱起小结。

（2）认识跨小节切分音，并在歌曲中找一找。

（3）边唱边拍切分节奏并跟琴声模唱。

（4）完整学唱歌曲，有感情地演唱。

4. 歌曲处理（建议：最后一句处理成减弱）

在学唱歌词时，老师引导学生理解歌词的意境与含义。（让学生谈谈）对歌词"这是生命在歌唱，这是种子在发芽"的理解。

三、编创不同的节奏，表现不同的"春雨"声

小组探讨：集体展示。

四、拓展

同学们，你们优美动听的声音，让我仿佛看到了五彩斑斓的春天，这节课我

们一起认识了切分音，感受了春雨，用歌声拥抱了春天。同学们课后可以去郊外看看，通过拍一拍、画一画、写一写等方式，去感受大自然、表现大自然、并爱护大自然。

板 书 设 计

春雨蒙蒙的下

《绿色钱包》插曲

春景：春雨、柳树、杏花

刷刷　绿　　红

体育

40 立 定 跳 远

（人教版小学体育一年级下册）

程　静　聂小华　余　淼

教学设计背景及学情分析

本课以"健康第一"为教学思想，努力贯彻"以人为本、健康第一"的指导思想，改善学生的学习方法。引导学生进入"乐学、乐练"的良好氛围，让学生充分发挥自己的想象力，在不知不觉中锻炼身体、体验乐趣。本课选择的教材是立定跳远。立定跳远是小学一年级最常见、易学的项目，也是孩子们喜爱的体育项目，其技术比较简单。根据学生活泼好动、模仿能力强的特点，为了能使本课的情境更符合学生的心理，其主要教学内容用 "小青蛙过河"的方式贯穿，同时渗透环境教育的内容。

环境教育渗透点

1. 学科知识渗透点：要想青蛙能蹬地有力的过河，我们必须保护我们生存的环境，防止水土流失，土质疏松的现象。在游戏环节利用废旧纸团作为游戏道具，引导学生废物再利用的教育理念，以及爱护校园环境的好习惯。

2. 环境教育知识点：【A3 水污染与治理】；【E4 植树与绿化】；【K7 绿色创建】。

教学目标

1. 明白立定跳远锻炼下肢的作用,认识立定跳远的目的是全面提高身体素质、增进健康。

2. 通过本课的学习，使 85%以上的学生基本掌握立定跳远技术方法。

3. 培养学生之间团结协作的意识。

4. 了解长江黄河的现状，分析导致长江黄河发生变化的原因，以及所采取的措施，增强主动保护环境的意识。

教学重点

摆臂与蹬地的配合。

教学难点

收腹举腿，落地缓冲。

教学准备

1．学生查阅长江黄河的现状。

2．器材准备：标志桶 8 个、橡皮筋 4 根、小桶 16 个、废旧纸团 24 个、操场一块，口哨一个。

3．立定跳远挂图。

教学过程

一、课堂常规

1．整队集合。

2．师生问好。

3．宣布本次课的内容和要求。

4．安排见习生。

5．提醒学生运动时的安全问题。

二、准备活动

（一）方向游戏

双腿并拢随老师口令并腿跳。左左左、右右右、前前前、后后后。

（二）徒手操

1．头部运动。

2．扩胸运动。

3．体转运动。

4．踝腕运动。

5．直腿跳。

6．柔韧训练。

三、引出知识

1．利用青蛙跳得又快又远向学生提问原因？

2. 告诉学生：要想像青蛙一样跳得又快又远需要认真上好体育课、认真练习，从而引出立定跳远的概念和水污染与土质疏松造成小青蛙们跳跃后能否安全着陆的问题。

四、讲授知识并练习

1. 讲解立定跳远要领（上摆臂、下摆臂跳出去），并完整示范动作技术。

2. 着重提醒学生：手上摆时跳出去，前脚掌用力蹬地、收腹举腿向前蹬伸，脚后跟滚动着地并过渡到前脚掌屈膝缓冲。

3. 在老师的口令下有节奏的练习摆臂、蹬地跳出去，分小组练习并纠正错误动作。

五、巩固强化

1. 分组练习双脚跳过橡皮筋。教师巡回指导各组，及时表扬较好的小组。

2. 加大难度练习，加宽橡皮筋之间的宽度。

3. 分组进行展示（小青蛙过河）。

创设游戏情景进行技能展示，男青蛙跳过长江，女青蛙跳过黄河。

近年来，长江、黄河水土流失严重，水体污染严重，沿岸土质疏松。同学们在跳过长江、黄河时，由于土质疏松要注意蹬地和着陆时的安全，同时向学生提问用什么方法可以保护长江和黄河？

六、游戏：捡纸团

同学们，如果学校有垃圾你们会主动捡起来放进垃圾桶吗？丢垃圾容易主动捡垃圾难，我们不但要爱护我们的校园环境，更应该主动保护我们的校园环境。今天我们就利用同学们的废纸团来玩个游戏，让我们一起通过游戏来保护我们的环境吧！

规则：

1. 学生分成四路纵队相距 8 米的距离相对进行比赛。

2. 各组排头同学手拿一个装有六个废纸团的小桶，在起跑线上准备。哨声一响迅速将废纸团依次放在跑道的 3 个小桶里（每次每桶只能放两个纸团）。跑到对面将小桶交给对面的同学，对面的同学再依次捡回纸团。

3. 游戏过程中不得少放或者多放纸团。

4. 每组最后一名同学将纸团带回起点，并把球桶举起为胜利。

七、结束部分

1．集合整队。

2．放松。

3．师生小结。

同学们，通过这节课的学习你掌握立定跳远的技术了吗？人类的家园只有一个，你了解了哪些保护家园的措施？

4．布置作业。

5．宣布下课师生道别。

美　术

41 谁画的鱼最大

（人美版小学美术一年级上册）

蒋万芬

教学设计背景及学情分析

本课设计目的是训练学生敢于充满画面，大胆作画的习惯，认识鱼的形状并了解其特点，了解自然界的鱼与美术作品中所表现的鱼的异同，初步了解艺术源于生活。

环境教育渗透点

【E5 野生动物保护】。

教学目标

1．初步感受自然界中的形象与艺术作品中的形象两者之间的关系，知道大小是在对比中产生的。

2．能大胆地作画，充满画面，画一条大鱼。

3．培养学生对美术学习的兴趣和热爱自然的情感。

教学重点

通过本课的学习使学生了解鱼的形状和特征，运用所学的知识画一条漂亮的并充满画面的大鱼。

教学难点

自然界中的鱼与美术作品中的鱼的区别，如何突出特征把鱼画大。

课前准备

学生准备：彩笔、油画棒。

教师准备：电脑、课件及相关资料。

教学过程

一、组织教学，才艺展示，师生问好

二、图片导入新课

三、学习新课

（一）引导学生画一条大鱼的外形。

1. 观看视频"海底世界"。（课件演示）

提问：你看到了哪些形状的鱼儿？（课件演示）

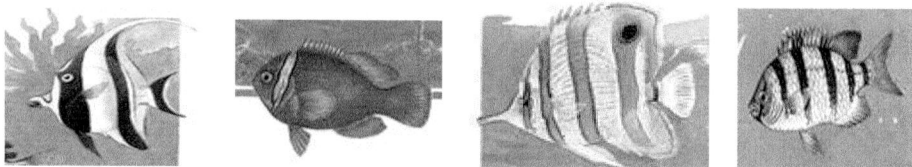

小结：椭圆形、三角形、不规则的形状等。

2. 分析鱼的身体结构，教师示范画鱼。

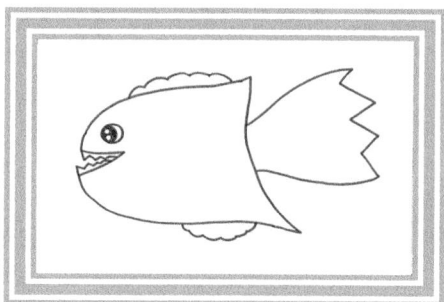

提问：鱼是由哪几部分组成的呢？

小结：鱼身、鱼尾、鱼鳍、头、眼睛、嘴巴等。

3. 引导学生把鱼画大。

（1）提问：孩子们，鱼大吗？谁能猜一猜老师把鱼画大的秘密？讨论：怎样把鱼画大。

比赛规则：2分钟内画一条你所见过的或者喜欢的鱼的外形；比一比，谁能用这些方法把鱼儿画得最大。（边说边板书课题）

小结：（倒计时）通过评比，我宣布，在规定时间内，画得最大的鱼是×××，老师颁奖，同学们送掌声！

（2）欣赏《戏鱼》。（课件演示）

提问：这条鱼大吗？还在旁边画了一个什么？

小结：鱼比人大，可真是条大鱼！那除了可以用缩小的小人衬托大鱼之外，还可以添上什么衬托大鱼呢？（生边说教师边示范背景）

（二）引导学生为鱼添上漂亮的图案和丰富的色彩。

比较《戏鱼》和老师的鱼。（课件演示）

提问：老师要请你们当裁判，评一评，农民伯伯的《戏鱼》漂亮，还是老师只画了外形的鱼好看呢？为什么呢？你们觉得这条鱼哪些地方好看？和我们平时看到的鱼，哪些地方不一样？

小结：那我们在作画的时候，也可以像他一样画上喜欢的花纹和图案。比如说，老师喜欢花朵……（示范花纹），这样老师的鱼是不是好看多了？那一会儿你们在设计鱼的花纹时，可以和老师画得不一样吗？

四、欣赏各类绘画作品（课件演示）

五、学生创作，提出作业要求

提问：孩子们，现在你们有没有信心让自己的大鱼变得更漂亮？在创作之前，老师给你们的几个小提示（课件演示步骤）。

1．添加鱼身体上的花纹。

2．添加上小鱼及海底背景。

3．添加上好看的颜色。

学生自由创作，教师巡视鼓励学生大胆创作。

六、展示优秀作品，生互评

1．小组评比，推选出"鱼王"。

2．师生评比，给"鱼王"们颁发奖章，我们把掌声送给他们吧！提问：你最喜欢哪个"鱼王"，为什么呢？

七、拓展

　　美丽的鱼已经游到了我们的大海之中,那谁想来学一学,鱼儿是怎样游的呢?请大家看看,这位同学是怎样学习小鱼在水中游的,围着珊瑚转一圈。他游的像吗?现在呢,我们听着小金鱼的歌曲要到海里玩了,谁愿意来到海中当可爱鱼。好,那现在我们排好队,到水里游吧!同学们,今天你们过的快乐吗?那我希望我们的同学爱护我们的鱼类,爱护大自然。

板书设计

谁画的鱼最大

教师示范

教师范画　　　教师范画

42 大树的故事

（人美版小学美术二年级上册）

陈小英

教学设计背景及学情分析

　　大树是人类的好朋友，孩子们从小就喜欢大树，因此，这个课题很容易引起学生的兴趣。孩子们在树下玩耍以及大树周围小动物的活动都为学生提供了创作的素材。

环境教育渗透点

　　1．学科知识渗透点：欣赏大树，用绘画及手工等形式表现大树。

　　2．环境教育知识点：【E4 植树与绿化】。

教学目的

　　1．了解大树的结构，鼓励学生自编故事，用绘画或手工等方式创编大树的故事。

　　2．通过引导学生初步认识人与自然的关系，渗透环境教育的思想。

教学重点

　　围绕大树用各种形式进行创作实践。

教学难点

　　故事的趣味性和画面组织的完整。

教具

　　范图（树干结构）、彩笔、蜡笔等。

➜ 教学内容

一、组织教学

师生相互问好。

二、激趣导入

1．播放视频，请孩子们欣赏 *earth song* 的 MTV。教师讲解：这是一部控诉人们破坏环境、屠戮无辜的野生动物的 MTV，孩子们被人们砍伐森林，世界一片荒芜的情景震撼，教师借此为孩子们渗透树对于我们的重要性的知识。

（板书：树）

2．PPT 讲解树对人类的四大益处。树对我们如此重要，今天让我们一起认识树，倾听大树的故事。（揭题：大树的故事）

三、新授

1．生活中有很多的树，你还见过什么样的大树呢？学生回答见过的树，教师 PPT 展示各种大树的真实照片，学生说出树的名称。

2．你们可真是好眼力，认识的树可真不少。虽然每种树的外形、颜色都不同，但是它们的结构都是相同的。（PPT 认识树的结构）

3．大树身边还有很多好朋友，都有谁呢？（启发学生回答）

4．大树的朋友们和大树之间可能发生什么故事呢？（教师引导学生创编有关大树的故事并且与大家分享）

5．以讲故事的形式欣赏其他小朋友的优秀作品。（PPT 展示有大树的故事优秀作品）

四、创作

孩子们可真是小故事家，让我们以小组为单位，用绘画或撕贴的形式来把我们创编的故事表现出来吧！

（播放背景音乐给学生创造一个快乐宽松的情境，教师巡视指导，及时纠正孩子的不足，及时表扬出色的孩子。）

五、作业展评

孩子们将自己的作品贴在展板上，组成一片森林，从中感受成功的喜悦。

六、课后拓展

再次播放 *earth song* 的 MTV，让学生们在环保音乐声中结束本堂课的学习。

孩子们，大树是我们整个人类的好朋友，让我们行动起来，热爱我们的自然，保护我们的大树！

板书设计

大树的故事

树的结构：树枝、树干、树冠、树根和树洞

树的朋友：动物

43 面 具

（人美版小学美术三年级上册）

黄蜀南 何 洁

教学设计背景及学情分析

本课是造型表现领域的一个内容。面具有着悠久的历史，与种族的信仰、社会文化的发展密切相关。它最早体现在原始乐舞、武术、图腾崇拜上，随着社会的发展、人类的进步，以及地区种族的差异形成了各自的体系，风格迥异争奇斗艳。

面具与学生生活息息相关，从小就带着猪八戒、孙悟空等一些面具嬉戏玩耍，因此本课可以充分调动学生的积极性，有助于他们对传统文化的了解，以及想象力、创造能力的提高。

环境教育渗透点

[C]固体废物之【C5 为减少固体废物你可以采取的行动】。

教学目标

1. 通过对本课的学习，初步了解非洲的原始面具艺术和我国少数民族的面具艺术，分析多种风格的面具，感受其艺术特点。

2. 培养学生的想象力和创造力，提高他们动脑、动手、动眼的综合能力。

3. 体验用废旧物品创作作品的喜悦之情，懂得艺术来源于生活，并用自己的双手去发现美、创造美。

教学重点

通过不同地域、不同民族多种网络面具的欣赏，了解面具的文化，感受其艺术特点，学习表现面具的方法。

教学难点

面具的表现手法及材料的运用。

教学准备

1. 废旧材料：如蛋糕盘、纽扣、纸板或纸盒等。

2. 彩色卡纸、胶棒、剪刀、水彩笔。

3. 制作多媒体课件

教学过程

一、激趣引入

师：孩子们，这首歌熟悉吗？

生：熟悉。

师：这三位帅气的大哥哥是谁？

生：是 TFBOYZ。

师：对，老师也相当熟悉。可是他们遇到了一个难题，明年将要参加中国环保部举行的面具舞会，可是没有面具，你们愿意帮助他们吗？

生：愿意。

师：孩子们，欢迎大家来到中国环保部首届面具设计大赛海选现场！

师：很幸运，我们请到了富顺县公证处的"后备公证员"，有请他们宣读比赛规则。谢谢两位，请坐！

师：接下来有请特邀嘉宾宣布比赛开始。

二、知识考核环节

1. 师：知识闯关第一题（抢答）。

师：首先，我们进入今天的第一关——抢答！瞧，这些面具有的可爱、有的恐怖、有的滑稽，孩子们，你们知道面具是怎么来的吗？请举手抢答。

生：万圣节、化妆舞会……

师：不错不错，孩子你真是见多识广，掌声送给他！（奖）其实在古代原始部落里，人们对一些疾病和自然现象不能做科学的解释，觉得是妖魔鬼怪在作恶，于是戴上面目狰狞的面具遮挡面部，认为这样能带来神奇的力量，可驱妖降魔。而随着社会的发展，面具逐渐向兼具酬神和娱乐方向发展，被当成装饰品和艺术品，形成了独特的"面具文化"，延续至今。

2. 师：知识闯关第二题（连线）。

师：孩子们，喜欢面具吗？

生：喜欢。

师：现在继续开始闯关吧！

由于各地区的文化差异，面具形成了各自的特点。请大家根据面具特点判断它的地域。孩子，你来。

生：……

师：判断太准确了！掌声送给他。（奖）

3．师：知识闯关第三题，说一说（面具形状）。

师：孩子们，优秀的大师们在这些传统面具的基础上，不断进行创新，设计出了一个个有趣的、有特点的面具，来看看他们的作品吧！说一说这些面具的形状有哪些？

生：圆的、三角形的、方的。

师：真是好眼力！（奖）掌声送给他，其实面具的形状多式多样，我们还可以将它设计成月牙形、蝴蝶形等形状，甚至几种形状综合运用。

4．师：知识闯关第四题，找一找（表现手法）。

师：闯关游戏接近尾声，孩子们，加油了！准备好了吗？我们的游戏将继续进行！

闯关第四题，找一找这些面具和人脸有什么区别？它们的造型和五官有什么变化？小组快速讨论一分钟。

（时间到，有请讨论最热烈的小组代表回答。）

生：面具进行了夸张变形，眼睛嘴巴好大……

师：观察得很仔细，你们真是火眼金睛！请把掌声送给他。这些面具大师们运用了夸张变形的手法，让大的更大、小的更小、圆的变方、方的变尖，让面具变得新颖奇特！

三、示范制作环节

师：经过激烈的知识考核，想必大家对于面具的制作更是期待。同学们，再来看看老师怎样制作吧！谁愿意上来当老师的小助手？孩子，你来！

师：大家可要看仔细了！如果要完成一个完整的面具，首先我们要选择面具外形，其实面具的外形有很多，如长方形、圆形，也可以用不同的材料做不同的外形；其次选择面具的五官，比如星星眼睛，也可以用圆形、方形等其他形状和材料，小小的鼻子，血盆大口，呀！这个面具看起来好恐怖！孩子，你的设计不仅造型奇特，而且颜色搭配也好看！（奖）掌声送给我的小助手！

师：为了让作品更丰富，我们还可以添加一些花纹，如五角星形、桃心形、月牙形等，这样会使我们的作品更加优秀！大家看看，很不错吧？

四、作品欣赏（剪造型各异的面具）

师：老师在课前还精心制作了几个面具作品，第一幅作品老师剪出面具的外形和五官，再进行条纹添加使其丰富；第二幅作品我用了不同的表现手法做出了红太狼面具，大家觉得怎么样呢？（教师作品欣赏）

生：……

师：谢谢孩子们的夸赞！另外老师搜集了一些艺术大师优秀的面具作品，希望这些作品对同学们的设计制作有所启发，也谢谢我们的艺术大师们让我们大饱眼福！孩子们，你们也想成为一个优秀的设计师吗？（艺术大师作品欣赏）

生：想。

五、设计制作环节（音乐）

师：好，看来大家已经掌握了面具的设计方法，在设计之前，请公证员宣读设计制作要求。

1．用各种不同的废旧材料设计一个具有独特个性且环保的面具。

2．用不同的表现手法对面具进行装饰美化。

3．在创作过程中，大胆运用色彩搭配。

特邀嘉宾：孩子们，面具大赛制作正式开始！

六、展示评价选拔

师：好，截至目前，经过老师的观察，优秀设计师即将产生，有请专家评委揭晓答案，掌声欢迎！

1．选拔优秀小组。

师：首先请各小组统计奖票获得数，举牌展示。请评委代表宣布获胜小组。

评委代表：现在我宣布，××小组为优秀小组

2．选拔进入复赛的团队。

现在进入今天最激动人心的时刻！究竟哪些团队能够进入复赛呢？有请每个团队的代表起立，把面具作品戴在脸上，简单向大家介绍你们团队的作品！

不错不错，看来我们的每个团队都进行了精心的设计制作，现在请各位选手耐心等待，中国环保部首届面具设计制作大赛华英海选现场进入复赛的团队即将诞生。

有请我们的评委代表宣读进入复赛的团队，并为他们颁发奖章，请同学们掌声鼓励，恭喜你们！

孩子们，到此我们的面具设计大赛就结束了，老师真为你们美妙的创意和细

致的表现手法所叹服!

七、拓展

其实面具制作除了今天所用到的材料,生活中还有很多,比如树叶、羽毛、竹筒等都可以作为创作材料,制作具有艺术性的面具来美化我们的生活。

板书设计

面具

品德与社会

44 春 天 来 了

（人教版品德与生活小学一年级下册）

彭序莲　徐　丽

教学设计背景及学情分析

　　《春天来了》是人教版《品德与生活》小学一年级下册第二章《走进自然》的第五课。春天，万物复苏，花开鸟鸣。在这处处充满勃勃生机的季节里，让孩子离开教室，走出校门，离开书本，回归自然，去感受生活，去亲近自然、共享自然，去做孩子们天性中想做的事，是"品德与生活"课程的价值取向之一。设计《春天来了》这一课，意在引导儿童在大自然中，在周围的环境中去寻找春天、发现春天，体验春天的美丽，感受春天诗一般的旋律，加深对大自然的向往与热爱、保护之情。

环境教育渗透点

1. 认识春天盛开的各类花。
2. [E4] 植物与绿化，让生活的环境更美。

教学目标

一、学科教学目标

1. 通过观察比较，让孩子们认识春天盛开的各类花儿，借助花进一步了解春天的主要特征，充分感受春天的美。

2. 培养孩子们对自然现象的观察力、感受力和欣赏力。

二、环境教学目标

1. 培养孩子们热爱大自然、珍爱生命的情感。

2. 懂得在赏春活动中应有的文明活动，具有初步的保护植物、保护春天的环境意识。

教学重点

1. 通过观察、比较，认识春天盛开的花，借助花进一步了解春天的主要特征。

2. 使用不同方法，继续积极参加"寻找春天、展示春天、留住春天"的活动。

教学难点

懂得赏春活动中应有的文明行为，具有初步的保护植物的意识。

教学准备

1. 寻找自己所生活的环境中春天盛开的花朵，留住春天的方法及作品。

2. 教学器材：歌曲《春天在哪里》，实物投影，教师制作的干花标本，描写春天的诗，语言提示牌。

教学过程

一、音乐导入，激情激趣

春天在哪里呢？播放音乐《春天在哪里》。

今天就用我们的眼睛一起来找找！（板书：春天来了）

（音乐是最能够激发人兴致的一种方式，因此在上课之初让学生在欢快、熟悉的音乐中产生要找春天的愿望，并且对找春天这一活动充满激情！）

二、借助春天盛开的各类花儿，进一步了解春天的主要特征

（感知植物为春天增添的美）

1. 伴着春的脚步，你生活的环境中盛开着哪些花儿？（板书：画花）

2．老师也仔细观察了身边的环境，发现了许多在春天盛开的美丽花朵，现在请大家去欣赏一下。（播放课件：各类花朵盛开的录像）

3．刚才我们认识了这么多在春天盛开的花朵，你喜欢这些花吗？为什么呢？（板书：美）

4．过渡：今天有几位美丽的花仙子来到了我们身边，你们想不想和它们做朋友？那咱们掌声欢迎它们吧！

5．出示教师制作的各种干花标本。

小组讨论：说说它们的名字，仔细观察各种花的颜色、形状、大小有什么不同？感受春天的美。

三、学习展示春天，留住春天的方法

1．过渡：老师和你们一样，也觉得这些花朵实在是太美丽了。可是，随着季节的变换，不仅是这些花朵，还有春天里其他美丽的景色也会离我们而去。

2．小组讨论：用什么方法能够留住春天的美丽呢？

3．全班交流。（根据学生回答情况，教师引导学生用贴、剪、照、画、护、采摘、记录等多种形式记录春天，课件相机展示与春天有关的诗、画等相关资料）（板书：照、画、护、唱、写……）

4．教师教制作干花的方法，学生亲手制作一朵干花。

提示：喜欢做的同学回去可以接着做，但要注意不能去摘花，可以从地上捡花，要珍爱美的事物。

四、鼓励学生亲近大自然、热爱大自然，将学到的知识用于生活

同学们，春天正是出游的好季节，让我们快快行动起来，走进春天、观察春天、欣赏春天。然后，用我们文明的行为、喜欢的方法保护春天，留住春天的美丽。

带领学生走进春天。

1．自由分组，学生按照自己的意愿组成小组，推选组长。

2．采集标本，将自己认为有春天特征的景物收集起来。

3．用给美景配语言提示牌等办法保护春天、留住春天。

4．在找的过程中，引导孩子们发现现象，提出自己不明白的问题。

5．交流体验：学生在学校后花园集合，坐成大圆圈互相展示、交流。（以无拘无束的方式让孩子充分的享受自己的成果，交流感受）

五、办个春天展示会

让周围的人们一起来欣赏春天的美丽，树立环保意识！

六、全课小结

孩子们，春天在哪里？春天就在我们的校园里、社区里、公园里、田野里……五光十色的春天真美！让我们想方设法留住春天，保护春天。

七、拓展延伸（选做）

1. 走进大自然，拍下美丽的春天。

2. 用七彩笔画一幅春天的美景。

3. 唱一首春天的歌，编一曲春天的舞，开一次展示春天的班会。

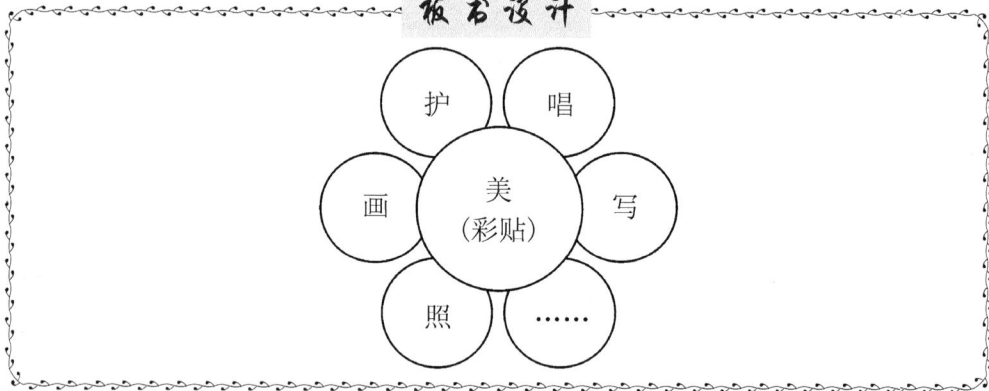

45 做个聪明的消费者

（人教版品德与生活小学四年级上册）

李康豫　彭序莲　张永秀

教学设计背景及学情分析

　　《做个聪明的消费者》是人教版《品德与生活》小学四年级上册第三单元第四课。从学生的心理特点与认知程度来看，小学四年级的孩子对于商品价格的差异和变化虽有一定的认识，但是，他们对造成差异、变化的原因认识还不是很清楚。另外，此年龄段的孩子对假冒、伪劣商品的识别能力较弱，作为消费者其自我保护意识与能力还不强。从学生的社会环境与生活基础来看，人们在购买商品时，更注重价格而对于商品的质量、厂家的信誉度往往不太关注。因此，通过学习本课，主要是让学生明确消费者享有的权利，并增强自我保护意识，提高自我保护能力，学会运用法律武器维护自己的消费者权力。

环境教育渗透点

　　1. 学科知识渗透点：商品价格的差异和变化及其原因，选择合适的商品。
　　2. 环境教育知识点：食品安全。

教学目标

　　1. 能通过观察和实际的调查活动了解商品价格的差异和变化，了解并总结造成差异、变化的原因。
　　2. 通过购物活动，初步学会辨别商品的真伪、优劣，选择适合自己的商品。
　　3. 总结购物小妙招，并运用于生活中，做个具有自我保护意识，重视食品安全的聪明的消费者。

教学重点

　　商品价格的差异和变化，了解造成差异、变化的原因。

→ **教学难点**

根据包装信息识别商品的真伪、优劣。

→ **教学准备**

1．教学多媒体。
2．师生自带不同物品的包装袋。
3．三无产品、过期产品、质量合格食品。

→ **教学过程**

一、师述经历，导入课题

以老师的一件亲身经历导入并板书课题。

二、联系生活，探究学习

活动一：商品价格，变化大。

1．课前，各组就不同专题进行调查。

2．课上以组为单位，将本组调查情况进行整理归纳，并选出代表在全班汇报。

3．听了各组汇报，发现什么？

4．师生互动，猜价格。

5．面对会变的价格，如何才能购买价廉物美的商品，你有什么购物妙招？

（活动意图：引导学生对生活中一些常见商品的价格变化及变化原因有大致了解，并在此基础上提出一些购物小妙招。）

活动二：包装说明，学问多。

1．观察食品包装，了解包装上的信息。

2．选购食品时尤其要注意看食品包装上的什么信息？

3．够买不同商品还可以看说明或标签。

4．观察自己的包装或说明信息是否完善？给同学介绍介绍！

5．了解"三无"食品，并引导学生不购买三无食品。

（活动意图：让学生在观察中了解包装、说明上的学问，在购买商品时学会看包装读说明，辨别商品质量。同时，教育学生不购买不合格三无食品。）

活动三：合理消费，真聪明。

1．同学们分三组分任务逛超市，A组去买牛奶、B组选鞋子、C组挑零食，在多件同类商品中挑选一件。

2．组长上台汇报，选择商品的理由，引导聪明购物。

（活动意图：通过购物体验，使学生思考挑选商品的方法并运用于实际。学会合理消费，做个聪明消费者。）

活动四：聪明消费，金点子。

1．要想做个聪明的消费者，现在你都有哪些金点子呢？

2．老师送大家消费者权益保护卡。

3．在生动活泼的《购物歌》中结束全课，寓教于乐。

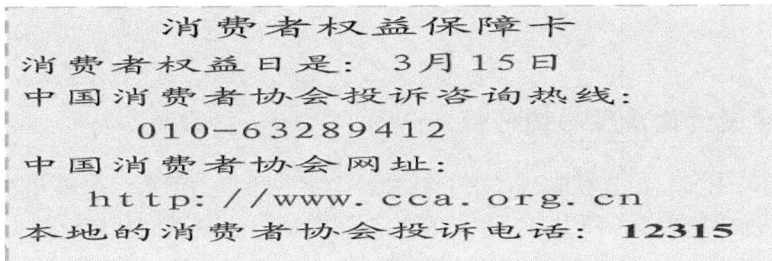

消费者权益保障卡
消费者权益日是：3月15日
中国消费者协会投诉咨询热线：
010-63289412
中国消费者协会网址：
http://www.cca.org.cn
本地的消费者协会投诉电话：12315

板书设计

做个聪明的消费者

由妙招 真聪明

看价格
辨质量
懂维权
会购物

附：课前准备资料

我的调查表

调查项目	价格变化情况		价格变化原因
红辣椒	平时价格：	春节价格：	
西瓜	夏天价格：	冬天价格：	
书包	小商店价格：	大超市价格：	

46 美丽的生命

（人教版品德与社会四年级上册）

陈 瑶 张 平 邓运婵

教学设计背景及学情分析

《美丽的生命》是人教版《品德与社会》小学四年级上册第一个单元的第一课。课文通过呈现大自然各种生命共生共存的美丽图画，让孩子们从自己的世界出发，用自己的眼睛观察生命，用自己的心灵感知生命，用自己的方式研究生命，感受生命之美和生命带来的美丽，感悟世界因生命而美丽并引发学生对生灵万物的情感。

环境教育渗透点

1．通过观察，了解生命的各种形态，感受生命的美丽。

2．表达对动植物的喜爱之情；懂得珍爱、善待生命。

教学目标

1．通过观察大自然各种各样的动植物，让学生初步了解生命的多种形态，感受生命的美丽。

2．激发学生对动植物的喜爱之情，使其关爱、善待动植物。

3．在发现体验活动中，初步懂得世界上每一个生命都有生存的权利，每个生命都是值得珍爱的。

教学重点

通过观察大自然各种各样的动植物，感受生命的美丽。

教学难点

初步懂得世界上的每一个生命都是平等的，动植物与人作为生命都有生存的权利，都值得珍爱。

教学准备

课前调查；多媒体课件。

教学过程

一、图片导入，揭示生命

1．（出示地球图片），引入生命话题。

2．板题：生命。

3．小结：生命无处不在。

4．检查课前调查，汇报发现的生命。

二、寻找生命，认识生命

1．学生小组交流，教师深入聆听了解。

2．指名上台汇报。（学生以不同方式汇报）

3．小结：谈调查收获。

4．补充板书，完善课题。

三、欣赏生命，感受美丽

1．播放视频短片：《美丽的生命》。

2．谈感受。

师：刚才老师观察到好多同学都很兴奋，显然是被这些精彩纷呈的生命所吸引了。同学们，你们看到了一个怎样的世界？

（出示插图1）

师小结：是啊！这是一个充满生命力的世界。小草在风中飞舞，鲜花竞相绽放，小鸟在树林里歌唱，林间小鹿奔跑，空中蝴蝶舞蹈，小朋友们在草地上追逐嬉闹，鱼儿在水里自由的玩耍——这就是生命的魅力。它生生不息，给大地带来勃勃生机。

同学们，你们有没有想过：这个世界为什么这么有生机？这么有活力？

（学生自由畅谈）

师过渡：的确，因为有了动物和植物这些美丽的生命，我们的地球才焕发出生机，所以我们应该善待这些小小的生命。请听故事，然后说说你的体会。

四、善待生命，呵护生命

1．播放录音，谈故事体会。

（插图2—3录音小故事）

小结：说得真棒。的确，这芬芳的兰花给我们的生活增添了无数的美丽。那东东的故事又让我们明白了什么？

2．出示插图4，角色体验，谈感受。

（教师小结过渡）

3．学生欣赏动植物，讲述动植物的故事。

师：好了，大家带来了这么多可爱的朋友，谁能像小文和东东一样，也给大家讲讲你的动植物朋友的故事。（课件点出：我和我的动植物朋友）

指名讲故事，译机点拨交流。

教师申请小结：生活中，就是有这样一些人，它们是如此漠视我们的动植物朋友，肆意地伤害他们。在这里，老师带来了一段资料，请看大屏，让我们一起来听听一只小海豹的呐喊吧！

4．播放视频：救救我们，观看视频，谈感受。

师：同学们，看到这样的情景，你的心情怎样？你想说点什么？

小结：的确，这是一幕令人悲痛而又愤怒的情景，小海豹痛苦的哀号"救救我们"仿佛还在我们的耳边回荡，正是由于人类的贪婪与破坏，使得我们的动植物朋友在逐渐减少，地球上的生命在逐渐消失。

5．在这里，老师想请大家做一个大胆假设，体验没有生命的世界。

师：同学们做了种种猜想，陈老师也做了猜想，我猜想：假如，我们的地球没有了这些动物、没有了这些植物，我们的世界将会是这样：

（播放视频：假如生命消失……）

师：同学们，看了这样一个世界，你有什么感受？

师：同学们，这样的一个世界，它没有一个地名，下面我想请大家根据自己的感受，给这个世界取一个名字，好不好？

师：我看好多同学已经取好了，我想请几位同学带着你此时的心情，把你取的名字及理由告诉大家。

6．指名说名字、原因。

7．对比体悟，感受生命的美丽。

师小结：的确，这是一个只有黄沙、只有恐惧、只有悲伤、只有荒凉而毫无生命气息的世界。回想刚才那个生机勃勃的美丽世界，再看看现在这个孤独荒凉的悲惨世界，在如此鲜明的对比之中，你发现了什么？

学生自由谈发现及感受。

五、珍视生命，绽放美丽。

师：你的感受，老师深有同感，（出示美丽生命组图）因为有了美丽的生命，才装点出了这个五彩斑斓的世界。同学们，让我们把爱送给这个充满生机的世界吧，用我们的双手呵护每一个生命，让每个生命都绽放美丽。最后，让我们一起来吟诵这首美丽的小诗。

生命是如此美丽，

世界上，

每个生命都有生存的权力。

每个生命都是平等的，

每个生命都值得珍爱，

让我们珍爱自己的生命，

珍爱一切生命

板书设计

珍爱

美 丽 的 生 命

和谐

47　交通与我们的生活

（人教版品德与社会小学四年级下册）

陈　红　彭序莲

教学设计背景及学情分析

　　《交通与我们的生活》是人教版《品德与生活》四年级下册第三单元的内容。交通运输是社会生活中一个非常重要的行业，它与人们的生活和社会经济的发展息息相关。在与学生的交谈中，我发现四年级的学生说起交通都很熟悉，但对交通与生活的密切联系以及它的作用认识还不够全面，所以，我就想借《交通与我们的生活》这一课，引领学生进行一次触动心灵的成长之旅，让他们深刻地感受到交通在我们生活中的重要作用。

环境教育渗透点

　　1. 了解和感受交通与生活的密切联系。

　　2. 增强学生的环保意识。

教学目标

1．结合自己的生活实际，从衣、食、住、行等方面了解和感受交通与生活的密切联系。

2．通过视频、图片、文字资料和学生的生活经历明白"要想富，先修路"的道理。

3．了解家乡交通的发展情况，激发学生热爱家乡和祖国的情感，同时增强学生的环保意识。

4．让学生认识交通的同时，注意对学生社会生活能力的培养，学习从不同的角度观察分析社会现象，尝试合理、有创意地解决实际问题。

教学重点

了解和感受交通与生活的密切联系。

教学难点

培养环保意识，让交通更好地服务于我们的生活。

教学准备

1．让学生调查交通与我们生活的联系。

2．多媒体课件。

教学过程

一、问题导入

师：在上课之前，老师想对咱们班同学进行一个小访问，你们早上是怎么来上学的？（有的回答是走路，有的坐车）

师：哪些同学是坐车来的？坐车的还真是不少，你们说说坐车的感受。

是啊！交通给我们带来了方便。这节课，我们就一起来探究交通与我们的生活这个话题。（师板书课题）

二、童眼看"交通与生活"

师：课前老师布置同学们去调查交通与我们生活的联系，相信收获一定不小，现在就来分享一下你们的收获吧！

根据学生的汇报，教师抓住衣、食、住、行等几个方面来讲。

师：同学们真厉害，调查到了我们生活中的衣、食、住、行等方面都与交通有着密切的联系。

师：你们看，有了交通以后我们吃上了（课件）用上了（课件）穿上了（课件）。交通不但丰富了我们的生活，还方便了我们的出行。有了交通，我们来到了风景秀美的×××××（课件：景点照片）

师：你去过哪些地方？学到了什么知识？

师总结：对，正是有了交通，让我们走遍了祖国的山山水水，开阔了视野。

师：你们到各地旅游，你看到了哪些家乡的商品？

生：我在深圳超市看到了自贡的火鞭子牛肉。

生：我在上海旅游购物时看到了我们富顺的美乐香辣酱。

生：重庆的超市有自贡的刀刀爽。

生：春节我们全家去绵阳姨妈家，我们给姨妈带了牛佛烘肘。

生：我在成都的超市看到了太源井的晒醋。

师：（将学生说的地点用磁铁在地图上标示出来）家乡的产品不仅仅运到了这些地方，还运到了全国各地，甚至远渡重洋。

师：其实通过各种交通方式富顺也云集了许多外地商品。那么，在你的生活中，有哪些商品是外地运来的？

师：是什么让这么多产品云集在富顺？

生：（异口同声）交通!

师：此时便利的交通给我们的生活带来了什么？

生：交通使我们享用的物品更丰富了，选择更多了。

生：交通让我们的生活更加丰富多彩。

生：买东西不用再到外地，节省时间、人力。

生：产品卖出去，有了钱，城市变得更加富裕了，人们生活水平提高了。

生：城市和外界的沟通多了!

师：（将磁铁汇集在富顺）看来，不仅富顺的产品运到四面八方，外地的产品也通过交通运输到富顺。这样运进运出，来来往往，促进了富顺与外地的交流。

师过渡：看来交通不仅促进了物资交流，还增进了人与人之间的交流，请看×××（出示回家看爷爷奶奶的图片，外国人来自贡看灯会的图片。）因为有了交通……生：我们可以常回家看看；因为有了交通……生：外国人都来自贡看灯会了。因为有了交通老师们都可以外出学习交流了。

师：交通就是这样与我们的生活息息相关，生活要提高，城市要发展，交通也要改善，请看家乡富顺的交通状况（课件出示已修建、正在建的道路）

师：此时此刻，你想说什么？

众生：（十分感叹）太好了，富顺以后的交通会更方便……

三、城市发展，山区变样

师：看到了今天城市的繁荣，交通的发展，我不禁想起了小时候上学的情景。师讲自己小时候的故事。

（出示图片：小学生背着书包走在泥泞的小路上，走在凹凸不平的道路上）

师：有没有同学在乡下待过，也见过这样的情景？

生：我去乡下舅舅家时也是这样，下雨时脚陷到泥里拔都拔不出来。

生：我到乡下去，穿一身新衣服走泥巴路，总是摔跤，衣服也脏了。

师：没有便利的交通，吃、住、行都难，想住小洋楼更是比登天还难。

师：听了同学的汇报，看了图片，你想说什么？

师：是啊！这使我想起几年前回老家看到的一幅标语"要想富，先修路"。有了路以后，家乡变美了，请你仔细看，认真听。（出示CAI：交通变化后的农村DV短片）。

师：看到这儿，你想说什么？

总结：家乡变美了，人们生活富裕了，这些都归功于交通。

四、拓展文本，畅想交通

师：城市繁荣了，农村变化了，可是还有更偏远的山区，交通还没有得到改善。

师（出示木耳）：同学们，你们看看陈老师手上拿的是什么？

生异口同声地说：木耳。

师：陈老师手里的木耳是一个同事去山区支教时带回来的，而且那位老师还带回了几张照片，现在我们一起来看一看吧！（课件出示：山区孩子上学的图片）

师：孩子们上学如此艰难，山区的人们所有的出行都是如此艰难。

师：同学们，看了这些画面以后，我相信你们跟老师一样心情都非常沉重。同学们，你们愿意帮助这些山区的孩子吗？

生一齐响亮地回答：愿意！

师：那怎么帮呢！那么请大家以小组为单位，合作完成。（出示课件：小小设计师，设计内容和设计要求）

师：展示小组设计。

师：同学们的想法真好，谢谢你们！国家也正在改善偏远山区的交通，请看。（课件：视频）

师总结：有了这些梦想、这些行动，我相信那些边远山区的交通一定会得到改善。

五、总结

这节课，通过探究，我们认识到：交通不仅能丰富我们的生活、开阔我们的视野，还促进了交流，改变了山区，使我们的生活变得更加美好。但是便利的交通也有它的不足，比如空气污染、频繁的交通事故、噪音污染、能源耗费等。孩子们，让我们一起努力，让未来的交通更好地服务于我们的生活吧！

板书设计

交通与我们的生活

丰富生活

交通 〔 开阔视野 〕生活美好

促进交流

改变山区

附：**课前调查表**

调查表

分类	品种	产地	交通工具
衣			
食			
住			
	出发点	目的地	交通工具
行			

48　我们的地球村

（人教版品德与社会五年级下册）

曹昌莲　张　平　彭序莲

教学设计背景及学情分析

　　《我们的地球村》是小学五年级《品德与社会》下册的最后一个单元的第二课，针对五年级学生乐于接受新鲜事物，求知欲强，但他们的知识储备和文化积淀还很欠缺，对地球村相关知识的了解还很模糊等特点，教学本课时，主要要求孩子们能够识读和运用地球仪，知道地球的经线、纬线、赤道、东西半球和南北半球，知道大洲大洋的名称和位置，能够了解我们赖以生存的家园——地球村自然环境的多样性，感受地球的美丽和神奇，并明白现在污染严重，地球村正遭到严重破坏，让学生树立忧患意识，激发学生关爱地球、保护环境的情感。

环境教育渗透点

　　1．识读和运用地球仪，知道经线、纬线、赤道、东西半球和南北半球；知道大洲大洋的名称和位置。

　　2．①地球上的各类污染；②了解地球村自然环境的多样性，培养学生保护地球的情感；③倡导低碳生活。

教学目标

　　1．能够识读和运用地球仪，知道地球的经线、纬线、赤道、东西半球和南北半球，知道大洲大洋的名称和位置。

　　2．能够结合展示的美丽的地球村及被严重破坏的相关资料，了解地球村自然环境的多样性，感受地球的地大物博及脆弱，从而树立忧患意识，激发学生关爱地球、保护环境的情感。

　　3．培养学生的观察能力，搜集资料和合作学习的能力。

教学重点

1．能够识读和运用地球仪，知道地球的经线、纬线、赤道、东西半球和南北半球，知道大洲大洋的名称和位置。

2．初步了解地球村自然环境的多样性及遭到的严重破坏，树立忧患意识，激发学生关爱地球、保护环境的情感。

教学难点

让学生能够识读和运用地球仪，感悟地球的脆弱，激发关爱地球、保护环境的情感。

教学准备

自制 PPT 课件、地球仪、地球村的美丽风光图片及文字资料等。

教学过程

活动一：太空看地球

宇航员遨游太空，看到一颗晶莹透亮的球体，那就是我们的家——地球！出示地球照片，说说地球上的蓝色是什么（海洋），陆地是什么（褐色），白色的涡流又是什么？（云层气流）它如一叶扁舟镶嵌在茫茫宇宙中，是那样的和蔼可亲，美丽壮观。今天，我们就一起走进《我们的地球村》，探究我们的家园。（板书课题）

活动二：认识地球

1．我们要认识地球、研究地球，首先要进行实地观察，但是地球太大了，所以人们很难看到它的全貌。于是，人们仿照地球的形状，并按照一定的比例缩小，制作了地球的模型——地球仪。

2．拿出地球仪仔细观察，说说你发现了什么？（学生自由发言，教师相机引导，主要让学生了解地球的经线、纬线、赤道、东西半球和南北半球，知道大洲大洋的名称和位置。）

详见课文 P99，让我们认识经线、纬线和赤道。

3．请孩子们再仔细观察东西半球，说说你还有什么发现？

4．知识擂台赛。

过渡：孩子们善于观察、善于发现，了解了地球的许多知识，那现在老师要考考你们，怕吗？很好，那现在打擂台，完全答对的即可获得金奖章。（课件显示）

5．装扮地球，给七大洲四大洋找家。

（1）这么短的时间就掌握了这么多知识，真是一群聪明的孩子，那现在增加一点难度：看平面地图，给七大洲四大洋找家。（贴图）

（2）出示中国的版图，它在世界地图的什么位置，谁来贴。（学生贴，师总结）

活动三：欣赏地球

1．你看，地球地大物博，孕育了世间万物。地球村山河壮美、多姿多彩，为我们展现了不同的自然环境和风光，一起欣赏吧！（视频播美丽风光）

2．像这样美丽神奇的地方还有很多很多，课前叫孩子们搜集，那现在我们就把这些图片资料制成小报在班上展览一周，出示活动要求，齐读。

好，合作开始，装扮时间2分钟。（配乐，学生活动）

两组学生代表展示并介绍，其他孩子仔细看、认真听，讲后张贴。其他组的请组长快速把他们的作品夹到绳上展出，其他孩子认真欣赏，并说感受。

活动四：感悟地球的脆弱

过渡：孩子们请看，我们的地球是多么广阔，多么美丽，（板书：美丽）然而，地球又是脆弱的，她正在遭受最严重的破坏！（板书：脆弱）请看大屏幕。（播视频）

制作水、天空等被污染和森林被破坏的图片、录像，教师配以声情并茂的演讲，请学生说说看到此情景的心情。

活动五：爱护地球，保护环境

1．保护地球，已为世人所瞩目，人们在呼吁、在行动：这是去年12月在丹麦召开的由各国首脑参加的哥本哈根气候会议，温家宝总理在会上做了保护地球的重要讲话。

2．那作为小学生，我们能为保护地球做点什么呢？

3．宣誓结束新课。

总结：有了你们的铮铮誓言，有了你们的拳拳行动，相信我们至爱的故土家园——地球村会再次和美，宇宙和美的乐章，也会再度扬起。

拓展延伸

1．作环保宣传，制作环保标示牌。

2．开展"我是环保小卫士"的主题活动，教育孩子如何把意识转化为行动。

板书设计

我们的地球村

美丽　　　　　　　粘贴七大洲四大洋　　　　　　　脆弱

保护

科学与信息技术

49 植物的叶和"小鼠标"画图

（人教版科学三年级上册）

杨仁孝

教学设计背景及学情分析

1. 植物的叶在阳光照射下进行光合作用，能改善空气，
2. 使空气新鲜，我们需要了解树叶的组成。

环境教育渗透点

1. 树叶形状的多样性和共同特征。
2. 植物的叶由叶片和叶柄、脉组成。
3. 叶也是有生命的，从叶芽开始生长，最后衰老死亡完成一生。
4. 应用电脑画图程序画出树叶

过程与方法

根据判断依据，划分出同一种树叶和不同种的树叶。

教学重点

开展观察叶生命现象的活动，了解叶的构造。

教学难点

是否是同一种树叶的判断，叶的构造，用"小鼠标"画树叶。

课前准备

捡几片不同树叶。

教学过程

一、情境导入

我们的生活中到处是绿色的世界，植物给大自然制造了大量的氧气，今天我们来研究植物的叶，同学们拿来许多的叶子，你们是怎样收到的呢？

（学生回答）

在校园里可以看到大树上长的树叶，树叶的形状，颜色，大小都不一样，看书 12 页图片，不同的树叶，同学们再看看你们自己捡的树叶。

二、分一分

现在大家把捡到的树叶放在桌上，我们来做一个小游戏：按自己的方式分一分，这里面有几种树叶？看谁最细心。

（从形状、从颜色、从大小等几方面观察）巡视学生分的情况。

三、比较叶的相同和不同

学生活动：

（组织学生进行合作学习，增强学生对树叶的进一步认识，叶有大小不同，颜色不同，有残缺的，有完整的树叶。）

观察讨论：

1. 观察到了什么，才说它们是同一种叶？

2. 观察到了什么，才说它们不是同一种叶？

观察结论：观察到了形状相同，才能说它们是同一种树叶。

小结分类的情况：

要判断叶是不是同一种树叶，应根据叶的形状来判断，相同形状才是同一种树叶。

比较叶的结构：（树叶结构都有三部分）

看书 13 页图片，再看看自己手里的树叶，我们会发现树叶都有叶片、叶脉和叶柄三部分，让学生联系实际认识叶的结构。与书上的图片对比一下。

四、观察叶的生长变化

（教师出示有叶的树枝，观察了解叶的生长过程。）

观察：比较新鲜的叶与落叶，它们有什么相同和不同？

思考：长在树上的新鲜叶与落叶的最大的不同表现在哪里？

（颜色不同）

叶的生长变化过程是怎样的？（叶芽、嫩叶、成熟的叶、老叶）

总结：叶也是有生命的，它从叶芽长成小小的嫩叶，又慢慢地长大，变老。许多植物的叶从春天长出来，到秋天枯黄死去，完成了叶的一生。有些树木虽然秋天不落叶，但它们的叶同样也有生长和衰老的完整过程。

五、用"小鼠标"画图：画一画树叶

用鼠标点击开始→所有程序→附件→画图，打开画图工具。

（学生掌握用鼠标画图方法画树叶）

（1）要求画出的树叶要有叶柄、叶脉和叶片三部分。

（2）选择颜色填充工具把实验填充成绿色。

（3）尝试用铅笔画飞机、小人、七星瓢虫等图画。

六、退出画图程序

下课时间到了，我们来退出画图，关好电脑——学生运用第三课中学到的关闭电脑方法操作。

课堂·小·结

1. 这节课我们学到了树叶的结构，叶有叶柄、叶脉和叶片三部分，树叶会由小慢慢长大，最后会死亡。

2. 我们还应用了电脑画图程序画出了漂亮的树叶。

课后作业

回家用电脑画出不同的树叶。

板书设计

植物的叶
叶脉叶柄叶片叶是有生命的
叶从春天长出了，到了秋天枯黄死去，完成了叶的一生。

50　听听声音和电脑作文环境见面

（小学科学人教版四年级上册）

黄巧梅　杨仁孝

教学设计背景及学情分析

不同物体会产生不同的声音，而有的声音会形成噪声，研究物体声音实验时需要记录声音的变化，并写出实验报告。

环境教育渗透点

1．引领学生用心去倾听、分辨不同物体发出的声音。

2．对各种不同声音进行简单的区分，判别声音的高低、强弱。

3．了解 Word 的基本功能，能利用电脑输入文字。

4．让学生在电脑环境下写作，形成节约纸资源的意识。

5．在习作过程中，教育学生做环保小卫士，建立保护环境的意识。

教学重点

1．区分、鉴别不同物体发出的声音。

2．Word 文档的使用。

教学难点

1．对声音的高低，强弱能区分。

2．了解 Word 文档的基本功能，用电脑写文章。

课前准备

教师先以"环保，从我做起"写一篇图文并茂的电子作文，作为同学们写电子作文的模板。

教学过程

一、引入

今天我们生活在一个充满声音的世界里，虽然我们看不到它，摸不到它，但是无论我们总能听到各种声音，同学们现在都听到了什么声音（有同学讲话的声音，还有老师说话的声音）你猜出了他是谁吗？怎么猜出来的？（学生回答）

二、探究活动

倾听、感受声音：

（1）听听我们教室内和教室外的声音。

（教室有人走路的声音，教室内敲桌子和讲话的声音）这些声音是怎么来的呢？

（2）是物体振动而产生的，不同物体发出的声音有高低和强弱之分。

（3）再区分，比较其他不同的声音。

三、完成实验听听音叉发出的声音

（1）引导学生认识音叉，知道它是一种发声仪器。

用轻重不同的方法敲击音叉，使它发声。轻轻敲击声音小，用力敲声音大。

（2）分组练习，用橡胶锤 敲击音叉，在玩过程中去发现不同的声音。观看科学书 46 页，完成表格的填写。

（3）在 Word 窗口中输入表格

实验材料	轻轻敲击时对实验的描述	重一点敲击时对实验的描述
大音叉		
小音叉		
大铁钉		
中铁钉		
小铁钉		

小结：

1. 今天我们学会倾听自然界中各种声音，很多物体都能发出声音，不同物体发出的声音是不同的。

2. 音叉、铁钉都是一种发声仪器，音叉可用来调试乐器和测试音高。敲击的轻重会影响声音的强弱，但不会使声音高低发生变化。

四、Word 文档的应用

同学们对于写作文，大家都不陌生。今天我们用 Word 文档记录我们的实验情况，有时记录表格要经过反复修改，会浪费无数纸张，怎么办？请看信息技术书 32 页（第七课：学习 Word 文档启动使用方法）

1．学习 Word 文档启动方法。

（1）开始→程序→ Microsort Office→ Word 2003。

（2）双击桌面上的 Word 图标打开 Microsort Office Word 2003。

（3）找到桌面上的 Word 图标→点鼠标右键打开 Microsort Office Word 2003。

老师首先演示这几种方法，同学们来熟悉这几种启动 Word 文档的方法。

2．应用 Word 文档写作文。

（1）了解 Word 的基本功能，Word 软件不仅可以用于文字录入、排版操作，还可以进行简单的绘图和插入艺术字、图片和动画等操作。

（2）以"环保，从我做起"为题，写一篇图文并茂 200 字左右与环保相关的作文，并将你写好的电子作文保存在电脑桌面上，看谁完成得又快又好，做得好的，老师将把它在"红领巾广播站"广播，进行全校表扬！

（3）应用 Word 文档进行写作，教师巡视。

五、课堂小结

今天我们学习了声音的产生，了解了物体发出不同的声音，有大小、有高低，用我们的听觉可以区分不同的声音。我们还学习了 Word 的启动的几种方法，并了解了在 Word 文档中输入文字的方法，不仅培养了我们动手和动脑的能力，而且还懂得了环保的重要性，希望同学们以后习惯用电脑进行习作练习，这样既方便又节约纸资源。

六、拓展延伸

结合书上 34 页的要求试一试写一份实验报告，按照 7-5 的图，美化你所写实验报告，并把你写好的电子作文保存在桌面，并发一份到老师的电子邮箱。我们即完成了作业，同时节约了纸张，减少了对环境的污染。

七、课后作业

以"环保，从我做起"为题写一篇电子作文，不低于 200 字，并将你写好的电子作文保存在电脑桌面上。

板书设计

听听声音和电脑作文环境见面

1．轻敲音叉声音小，重敲音叉声音大。

2．应用 Word 文档写作文方便编写、修改，节约了纸张，减少对环境的污染。

附录

小学环境教育学科同步渗透知识点解析

何平均

A. 水
  A1 地球上的水
  A2 水的用途
  A3 水污染与治理
  A4 节水技术与措施
B. 大气
  B1 大气污染的概念
  B2 大气的主要污染源和污染物（$PM_{2.5}$、PM_{10}）
  B3 大气污染的危害
  B4 大气污染的防治
C. 固体废物
  C1 固体废物危机
  C2 废物处理方法与垃圾"三化"
  C3 源削减
  C4 家庭和学校的有害废物、塑料等
  C5 为减少固体废物采取的行动
D. 噪声
  D1 大自然的声音
  D2 噪声污染的来源
  D3 噪声污染的危害
  D4 噪声污染的防治
E. 生物多样性
  E1 生物多样性的定义
  E2 生物多样性的重要性
  E3 生物多样性面临的威胁
  E4 植树与绿化
  E5 野生动物保护

F．食物

　　F1 食物生产活动与环境

　　F2 食物金字塔

　　F3 营养物质

　　F4 食品标签

　　F5 对环境有益的食物

　　F6 绿色食品和有机食品

G．土壤、化肥和农药

　　G1 土壤污染

　　G2 化肥和农药污染

　　G3 生态农业

H．能源

　　H1 能源危机

　　H2 不可再生能源

　　H3 可再生能能源

　　H4 节能技术与措施

I．交通

　　I1 交通污染

　　I2 新能源汽车

　　I3 绿色出行

J．气候变化与低碳生活

　　J1 气候变化简介

　　J2 气候变化的原因及影响

　　J3 应对气候变化的主张与方案

　　J4 低碳生活

K．重要概念、政策法规及其他

　　K1 生态文明

　　K2 可持续发展

　　K3 科学发展观

　　K4 节能减排

　　K5 低碳经济

　　K6 循环经济

　　K7 绿色创建

　　K8 绿色食品

　　K9 绿色 GDP

　　K10 绿色生活方式

　　K11 新《环保法》等